H. Th. Hamblin

Die Botschaft einer Blume

H. Th. Hamblin

Die Botschaft einer Blume

Das Geheimnis des sieghaften Lebens

DREI EICHEN VERLAG
MÜNCHEN + ENGELBERG/SCHWEIZ

CIP-Kurztitelaufnahme der Deutschen Bibliothek

Hamblin Henry Th.:

Die Botschaft einer Blume:
d. Geheimnis d. sieghaften Lebens /
H. Th. Hamblin.
[Dt. Bearb. von K. O. Schmidt].

4. Aufl. — München: Drei Eichen Verlag, 1984.
Einheitssacht.: The message of a flower ‹dt.›

ISBN 3-7699-0413-3

NE: Schmidt, Karl O. [Bearb.]

ISBN 3-7699-0413-3
Verlagsnummer 413

4. DEV-Auflage 1984
Umschlagfoto: Orchideenblüte, Foto H. Schwarz, Bildagentur Mauritius, Mittenwald
Gesamtherstellung: Isar-Post, Landshut

INHALT

GELEITWORT ZUR ZWEITEN AUFLAGE

»Aus der stillen Liebe zu den Blumen« hieß es im Vorwort zur ersten Auflage dieses Buches — »ist Hamblins Buch entstanden. Blumen, die er täglich pflegte, erzählten ihm von der Freude und vom Glück des Daseins und verrieten ihm, wie auch die Menschen jung und voller Sonne sein und den Weg zum Glück gehen könnten.«

Ähnlich empfand schon *Goethe:* er sah in den Blumen »die schönen Hieroglyphen der Natur, mit denen sie uns andeutet, wie lieb sie uns hat«.

»Warum«, fragt *Morgenstern,* »erfüllen uns Blumen, Gräser, eine Wiese mit so reiner Lust? Weil wir da *Lebendiges* vor uns sehen, das nur von außen zerstört werden kann, nicht durch sich selbst.«

Somit hat ›Schwester Pflanze‹ den gleichen Anspruch auf unsere Ehrfurcht vor dem Leben und auf Schutz vor sinnloser Zerstörung wie ›Bruder Tier‹. Tier- und Pflanzenreich sind in ihren einfachsten Lebensformen nicht voneinander zu trennen. Vieles von dem, was der Lebensphilosoph Gustav T. *Fechner* in »NANNA oder das Seelenleben der Pflanzen« aus innerer Schau heraus schrieb, ist längst wissenschaftlich erhärtet und uns Heutigen selbstverständlich.

Zudem vermögen die Pflanzen etwas, was Mensch und Tier nicht können: diese können Lebendiges töten; die Pflanze aber kann Totes lebendig machen, Anorganisches in Organisches umwandeln. Sie ist die einzige Lebensform auf unserem Planeten, die sich ernährt, ohne töten zu müssen . . . Darum auch die Zuneigung des zu sich selbst erwachenden und der *Einheit allen Lebens* bewußt werdenden Menschen zu den Pflanzen.

»Mich erzog der Wohllaut des säuselnden Hains, und Liebe lernt' ich unter den Blumen. Im Arm der Götter wuchs ich groß«, sagt *Hölderlin.* Noch deutlicher schaute *Morgenstern:* »Was tut die Blume wohl mit Gott? Sie läßt sich Gott gefallen. In der Blume, als Blume, träumt er seinen schönsten Traum; da widerstrebt ihm nichts.«

In seinem »Wunderapostel« schildert der Dichter Hans *Sterneder,* wie er sich an einem Frühlingsmorgen in das Wunder einer Blüte versenkte und dabei jäh den pulsenden Lebensstrom spürte, wie er »im Innersten der Blüte leise auffunkelte, wie wenn unsichtbare Tempeltore zur verborgensten Gotteskammer sich öffneten und magisches Licht aus ihnen hervorbrach« gleichsam als wolle der Gottesfunke in der Blume sich ihm offenbaren:

». . . Es war, wie wenn zwei Gottesfunken zueinander drängten und die Brücke wieder schließen wollten, die unseliger Menschenirrtum vor endlosen Zeiten abgebrochen hat.«

Und dann vernahm er leise und doch deutlich in seinem Innersten den Gruß der Blume: »Wie schön, daß Du zu mir kommst, daß Du an mich glaubst! Ja, löse Dich, löse Dich von der Gewalt, die die toten Dinge über euch Menchen bekommen haben. Lerne das Hineinhorchen, die Hingabe an uns, die wir leben.«

Dieses Hinhorchen lernte *Hamblin* im Umgang mit den Blumen, und er schildert uns, wie ihm aufging, daß die Blumen, wenn wir uns ihrer Botschaft innerlich öffnen, uns helfen können, unserer Harmonie mit dem Geist des Lebens bewußt zu werden, in vollkommenere Verbindung mit der Fülle des Lebens zu gelangen und ein wahrhaft glücklicher Mensch zu werden.

Lernen wir, mit Hamblin, in den Blumen sinnfällige Offenbarungen der All-Liebe zu erkennen. Lassen wir uns von ihnen bewußt machen, daß *auch wir Menschen* von der göttlichen Liebe umhegt sind und alles, dessen wir bedürfen, immerfort aus den Händen des Ewigen empfangen, wenn wir es, statt von außen, von innen her, aus dem Unsichtbaren, als unser göttliches Erbe erwarten und gläubig willkommen heißen.

K. O. Schmidt

ZUR EINFÜHRUNG

»Wenn wir ein kleines Blümelein ganz und gar, wie es in seinem Wesen ist, erkennen könnten, so hätten wir damit die ganze Welt erkannt.«

Meister Eckehart.

Wieviel Schönes ein Mensch wahrnimmt, hängt in keiner Weise von der Fülle des Schönen ab, die ihn rings umgibt; denn wenn er kurzsichtig ist oder mit seinen Gedanken woanders weilt, mag ihn noch so unbeschreibliche Schönheit umgeben — sie wird weder sein Auge entzücken noch seine Seele hinreißen.

In dieser Lage befinden sich die meisten von uns: unendliche Schönheit umgibt uns, wir sind in sie eingebettet; aber wir gewahren sie nicht, weil die Augen unserer Seele noch geschlossen sind.

Der Mensch gewahrt und begreift keine Schönheit, die sein jeweiliges Erkenntnisvermögen übersteigt. Wenn der Himmel eine Stätte unendlicher Schönheit wäre und der Alltagsmensch plötzlich dorthin verpflanzt würde, so nähme er dort kaum mehr Schönheit wahr als in seiner bisherigen Umgebung, weil seine Seele die größere Schönheit weder zu erkennen noch zu würdigen vermöchte.

So sind wir auch im Leben von unendlicher Schönheit umgeben, die wir noch nicht wahrgenommen haben, weil wir bisher für sie blind waren.

Wenn wir aber durch rechtes Sehen und Beobachten lernen, diese mannigfachen Herrlichkeiten, an denen wir bislang kurzsichtig vorübergingen, zu entdecken und zu würdigen, erkennen wir, daß eine unabsehbare Fülle von Schönem und Gutem um uns herum darauf wartet, uns bewußt zu werden und uns zu beglücken.

All diese Schönheit ist Offenbarung des Geistes des Lebens und als solche unermeßlich, sie entfaltet ihren Liebreiz in dem Maße, wie unsere Seele zu sich selbst erwacht.

So haben die großen Lebenslehrer recht, wenn sie uns mahnen, daß Schönheit etwas ist, das der Seele innewohnt, und daß, was der Mensch um sich herum wahrnimmt, nichts ist als eine Widerspiegelung dessen, was in ihm ist. Je mehr darum die Seele sich entfaltet, zum Bewußtsein ihrer selbst und zur Erkenntnis der immanenten Schönheit erwacht, desto größere Herrlichkeiten entdeckt sie um sich. Hieraus ergibt sich zugleich, daß der ›Himmel‹ nicht ein Ort ist, sondern ein Bewußtseinszustand, etwas, was in der Seele statthat.

»Das Reich Gottes ist inwendig in Euch«, hat ein Weltenlehrer verkündet, womit er, recht verstanden, nichts anderes meinte als das, was wir heute die »Harmonie mit dem Unendlichen« heißen und was uns in der Botschaft der Blumen so ermutigend und glückverheißend entgegentönt.

Diese Blumenbotschaft, die wir für uns vernehmlich machen wollen, ist eine wundersame Unterweisung im *rechten Denken.* Rechtes Denken ist, kurz gesagt, ein durch und durch bejahendes Denken. Es heißt Gedanken der Liebe statt des Hasses hegen, des Glückes statt der Trübsal, der Gesundheit statt der Krankheit, des Erfolges statt des Leides, der Fülle statt der Armut, der Freiheit statt des Gehemmtseins, des Sieges statt der Niederlage.

Wer sich gewöhnt, so zu denken, der wird innerlich umgewandelt. Dadurch aber, daß er innerlich ein anderer wird, erfahren auch seine Handlungen eine Änderung und damit wieder wandeln sich sein Leben und seine Verhältnisse zum Bessern.

Aber das ist keineswegs alles. Rechtes Denken ist weit

mehr: es ist ein *Denken von einem neuen, höheren Gesichtspunkt und aus* einem *umfassenderen Bewußtsein heraus*, ein Denken vom Standpunkt des Allgeistes statt von dem des irrenden Alltagsverstandes, ein Denken aus dem erlösenden Bewußtsein der All-Liebe als der einzigen Wirklichkeit, der Vollkommenheit als der einzigen Wahrheit, der Harmonie als dem höchsten Allgesetz.

Es bedeutet das gänzliche Freiwerden der Gedanken von der Knechtschaft der Sinne und der Tyrannei der Gier: es ist ein Leben auf einer höheren Bewußtseinsoktave oder Seins-Ebene. Mit anderen Worten: es ist möglich, über die Begrenzungen von Raum, Zeit und Sinnentrug hinauszugelangen in das kosmische Bewußtsein ewigen Lebens und Seins, in Harmonie mit dem Ewigen.

Rechtes Denken ist weiter ein *Denken und Leben aus der Gewißheit, daß alles gut ist:* es heißt im tiefsten Grunde der Seele gewahr werden, daß alles, was der Ewige uns schickt, vollkommen und segenbringend ist, daß die Gottheit niemals irrt, daß alles zur Erfüllung ihres Willens zusammenwirkt.

Rechtes Denken heißt erkennen, daß die göttliche Vollkommenheit schon hier und jetzt da ist, und in diesem Gewißsein beharren. Daß es möglich ist, dieses wahrhaft kosmische Bewußtsein zu erreichen und aus ihm zu leben, ist durch tausendfache Erfahrung bewiesen.

Bei alledem ist rechtes Denken das Gegenteil mystischer Ekstase oder unpraktischen Träumens. Es ist, wie ich schon hier mit Nachdruck betonen muß, durch und durch praktisch. Als tätiger Kaufmann, der ohne einen Pfennig begann und durch Jahre hindurch einen rauhen und langwierigen Kampf mit den Schwierigkeiten und Nöten des Daseins geführt hat, kann ich sagen, daß es nichts gibt, was so praktisch und hilfreich ist wie rechtes Denken.

Da ich von Jugend auf meinen eigenen Weg im Leben habe machen müssen — ohne Geld, ohne Protektion, ohne Erziehung, ohne Helfer, dazu mit einem anfälligen, schwachen Körper belastet —, spricht mich das, was praktischen Wert hat, sofort an. Bevor ich etwas anerkenne, prüfe ich zuerst seine Brauchbarkeit im Leben. *Das rechte Denken hat diese Prüfung bestanden.*

Wer sich mit der Kunst und Wissenschaft des rechten Denkens vertraut macht, der findet im Laufe der Zeit, daß Furcht und Disharmonie, Krankheit und Unglück, Mißgeschick und Leiden bei gläubiger Bejahung des Guten immer sichtbarer wachsenden Erfolgen, dem Vorwärtskommen, der Harmonie und Freude, der Gesundheit und dem Glücke weichen.

Ich erwähne nicht ohne Absicht in diesem Zusammenhang die *Freude.* Die Botschaft der Blumen ist vor allem ein Evangelium der Freude, die aus rechtem Denken erquillt.

Wir werden im Folgenden diese Philosophie der Freude kennenlernen — eine Philosophie, die schon Tausenden die Botschaft des Glückes ins Haus brachte und noch tausendmal mehr Menschen aufrichten und beglücken möchte. Sie besagt, daß, wenn Du nicht von Glück und Erfolg übersprudelst, irgend ein inneres Hindernis da ist, das es zu beseitigen gilt; denn Heiterkeit und Glück, Gesundheit und Freude am Dasein sind des Menschen göttliches Geburtsrecht und natürliche Lebensgrundlage.

Wenn Du also unglücklich, krank oder bedrückt bist, bist Du irgendwie gehemmt und Deine Seele braucht einen verstehenden Arzt. Dieser Arzt ist die Lehre der Blumen vom rechten Denken und ihre befreiende *Botschaft der Freude,* die Dir zeigen wird, wo Du aus dem Geleis geraten bist und wie Du die Ordnung wiederherstellst. Es hat sich immer wieder gezeigt, daß ein Mensch durch blitzartige Erleuchtung jäh aus dem unglückseligen Wahn des Elend- und Kranksein emporgerissen wird und zu wirklicher Lebensfreude und Gesundheit, zu Glück und Erfolg zurückfinden kann.

Eine solche Möglichkeit wird Dir hier geboten.

Die Philosophie der Freude, wie sie auf den folgenden Blättern in schlichter Weise dargelegt wird, führt zu einer neuen Auffassung des Lebens, die zeigt, daß das Leben in Wirklichkeit geistiger, nicht materieller Natur ist.

Es war *Carlyle*, der einmal treffend sagte, daß alle Materie vom Geiste getragen wird. Gleichermaßen wird auch der Mensch vom Geiste getragen, oder geht er zugrunde. In der Tat: der Mensch ist ein Geist und sein Körper nur sein äußerstes, stoffliches Kleid. Wenn aber das ganze Leben geistiger Natur ist, dann muß der Mensch mit Hilfe geistiger Kräfte erfolgreich und gesund sein, mit Hilfe geistiger Kräfte vorwärtskommen und aufsteigen und froh und glücklich werden können. So ist es in der Tat.

Die Kunst rechten Lebens besteht in der Entwicklung, Übung und rechten Anwendung geistiger Kräfte. Und das beste Mittel hierzu ist das rechte Denken. Durch geistbewußtes rechtes Denken ist es möglich, die schöpferischen Energien und Anlagen der Seele so zu entfalten, daß der Mensch mit ihrer Hilfe wachsende Erfolge im Leben erlangt, Harmonie um sich verbreitet, zur Gesundheit der Seele und des Leibes zurückfindet und seine Freude und Lebensbejahung auf alle Wesen seiner Umgebung überträgt, so daß sie an seinem Glück teilhaben und es hundertfach zurückstrahlen.

Diese Kunst rechten Denkens und Lebens ist also von höchstem praktischen Wert. Sie stellt eine große Wahrheit wie ein helles Licht in den Mittelpunkt unseres Daseins und bringt diese Wahrheit in ein einfaches System, das bei jedem Problem des Lebens erfolgbringend angewandt werden kann. Sie lehrt, daß alles äußere Leben eine ununterbrochene Kette von Wirkungen ist, deren Ursachen im Innern des Menschen liegen. Sie zeigt, daß das Leben bestimmten Gesetzen folgt und daß dadurch, daß man diesen Gesetzen gemäß handelt, bestimmte Erfolge mit mathematischer Sicherheit erzielt werden.

Sie zerstreut die Ungewißheit und widerlegt den Fatalismus und andere negative Lebensauffassungen dadurch, daß sie beweist, daß das Leben mit Methoden von wissenschaftlicher Exaktheit gelebt und gemeistert werden kann. Sie läßt uns erkennen, daß das Universum nicht von Willkür, sondern vom Gesetz der Ordnung und Harmonie regiert wird.

Genau so, wie der Mensch die elektrische Kraft in seinen Dienst stellen, seine Maschinen, Straßen- und Eisenbahnen von ihr treiben und seine Häuser und Straßen von ihr beleuchten lassen kann, so vermag er, wenn er die Gesetze des Lebens erkennt, nicht weniger umstürzende und erfreuliche Resultate zu erzielen. Er braucht nicht länger ein Spielball des Schicksals, ein Opfer der Umstände zu sein und den unerforschten Wegen des Lebens in Blindheit und Ungewißheit zu folgen; er vermag bei rechter Erkenntnis des Wesens und der Gesetze des Lebens sein Schicksal zu bestimmen und seinen Weg zum Erfolg zielsicher zu gehen.

Die Wichtigkeit des rechten Denkens wird durch die Tatsache beleuchtet, daß alles, was wir sind und im Leben erfahren, weitgehend das Ergebnis unserer Gedanken ist. Wir sind, was wir von uns halten.

Kein Geringerer als *Buddha* hat es ausgesprochen: »Alles, was wir sind, sind wir durch unsere Gedanken; aus unseren Gedanken entsprang es, aus unseren Gedanken ist unser Schicksal gewoben.« Die alten Upanischaden lehren gleiches: »Was ein Mensch innerlich denkt, das wird er.« Diese Erkenntnis hat in unserer Zeit tausendfache Bestätigung gefunden:

»Deine eigenen Gedanken, Wünsche und Erwartungen ergeben Deine Welt. Alles, was Dir in der Welt an Schönheit, Freude und Segen oder an Häßlichem, Sorgen und Leid begegnet, hat seinen Quell in Dir selber. Durch Deine Gedanken verschönst oder verpfuschst Du Dein Leben, Deine Umgebung und die Welt.«

Ist Dein Leben heute leidvoll und aus den Fugen, dann nur als Folge unguten und unharmonischen Denkens in der Vergangenheit, dessen Früchte Du heute erntest. Jeder disharmonische Gedanke löst unweigerlich die entsprechenden Wirkungen aus.

Gegenüber der Wirkung der Gedanken ist die der Taten von weitaus geringerer Bedeutung. Denn alle Taten sind ja letztlich Folgen entsprechender Gedanken. Wenn wir ungut denken, werden wir ungut handeln. Und nicht nur unsere Seele kränken und vergiften wir durch schlechte Gedanken, auch unser Körper wird krank und schwach.

Der eine oder andere könnte nun einwenden: »Gut, wenn man den Wirkungen seiner Gedanken scheinbar nicht entrinnen kann, kann man sich jede Mühe sparen. Wo bleibt aber dann Deine Philosophie der Freude?«

Die Antwort auf diese Frage lautet, daß unsere Gedanken durch Selbstkontrolle, Selbsterziehung und Gewöhnung an rechtes Denken umgewandelt werden können. Manche meinen, das sei ihnen nicht möglich: »Ich kann meine Gedanken nicht ändern; könnte ich es, brauchte ich mich nicht mehr zu sorgen. Aber wenn Schwierigkeiten kommen, fange ich unweigerlich an, mich zu sorgen und zu quälen, und obwohl ich fühle, daß dadurch nichts gebessert wird, kann ich mir doch nicht helfen. Das Sorgen liegt nun einmal in meiner Natur.«

Auch dieser Einwand beweist nichts gegen die Tatsache, daß die Gedanken umgewandelt werden können. Er zeigt lediglich, daß der, der so spricht, noch nichts von der Kunst rechter Gedanken-Erziehung und -Umwandlung gehört hat oder versteht. Jeder Gedanke kann bei entsprechender Ausdauer durch Übung und Gewöhnung in sein Gegenteil verkehrt werden. Natürlich ist diese Umwandlung nicht an einem Tage erreichbar, wohl aber kann jeder sie in verhältnismäßig kurzer Zeit aus eigener Kraft herbeiführen.

Nach dieser Feststellung, daß es für jeden möglich ist, sein Denken von Grund auf zu erneuern, haben wir noch zu prüfen, welche Auswirkungen die bewußte Hinwendung zu rechtem Denken nach sich zieht:

Erstens tritt an die Stelle des destruktiven Denkens ein schöpferisch aufbauendes Denken und Wollen; die Sorge um die Zukunft und die Schwierigkeiten des Alltags machen der Sieggewißheit, der Schönheit und der Lebensfreude Platz. Statt neue Disharmonien zu schaffen, legen wir den Grund zu immer größeren Erfolgen, zu Gesundheit und Glück.

Zweitens verwandeln und erneuern die kraftvollen Schwingungen schöpferisch aufbauenden Denkens stufenweise unseren Charakter und mit dem inneren auch unser äußeres Leben. Harmonie und Freude ziehen ein, wo rechtes Denken zur Gewohnheit ward. Der unendlich gütige Geist des Lebens vermag sich immer vollkommener durch uns zu offenbaren — als wachsende Stärke und Leistungsfähigkeit, Lebensüberlegenheit und Fülle.

So stellt rechtes Denken überall die Harmonie her, den Normalzustand des Lebens. Einzelne fürchten nun trotzdem die Nachwirkungen einstigen falschen Denkens und Handelns. Sie sagen: »Es ist mein Karma, das ich abtragen muß.« Zuweilen wird dieser Gedanke so mächtig, daß er ihre Sorgen vergrößert und mehrt.

Auch dieser Gedanke ist falsch. Würde der, der ihm anhängt, nur dem Ewigen vertrauen und gänzlich aus dem Bewußtsein der Wahrheit und Wirklichkeit denken und leben, dann würde er bald erkennen, wie die Sorgen und Schwierigkeiten immer mehr schwinden und am Ende gänzlich weichen. Je mehr unser Wesen sich wandelt, desto weniger vermögen äußere Einflüsse und Einwirkungen uns zu berühren. Wir wachsen über sie hinaus.

Wie das im einzelnen geschieht und was wir dazu beitragen können, möge uns die frohe Botschaft der Blumen lehren.

Durch wiederholtes besinnliches Nachdenken über die Erkenntnisse, die im folgenden dargelegt sind, und durch gleichzeitige liebende Versenkung in die Schönheiten, die sich schon in der bescheidensten Blume offenbaren, entwickeln wir nicht nur ein vollkommeneres Verständnis des schönheitsdurchtränkten Wirkens des Ewigen, sondern erheben uns stufenweise zu höheren, umfassenderen Bewußtseinsebenen, mit deren Wachwerden in unserer Seele die Erkenntnis der Einheit alles Lebendigen anhebt und das beglückende Gewahrwerden unseres unauflöslichen inneren Einssein mit dem unendlichen Geist des Lebens.

I. DER WEG DER SCHÖNHEIT

»Heilige Natur – Deine Wege sind immer Güte und Wahrheit!«

Hippel.

Blicke auf die bescheidenste Blume, und Du wirst in ihr wie überall die Liebe des Ewigen am Werke sehen. Vor mir steht eine Schale mit den ersten Frühlingsblumen, und wenn ich die Blumen anblicke, senkt sich das Bewußtsein ihrer schlichten Schönheit in meine Seele. Sie offenbaren sich mir als Boten aus dem Unsichtbaren, als farbenfrohe Träger beglückender Kündung. Leise wispernd enthüllen sie mir Dinge und Zusammenhänge, die mir im rauhen Alltag menschlichen Mühens ewig verborgen geblieben wären.

Sie künden von Liebe, Freude und Glück – sie entpuppen sich als sichtbare Äußerungen der ewig liebenden Gottheit, die in und hinter allem am Werke ist. Auf unendlich vielen Wegen offenbart sich der Ewige, aber auf keinem kommt die Fülle seiner Schönheit beredter zum Ausdruck als in den Blumen.

Welches ist die Botschaft der Blumen? Welche Lehren des immer gütigen Geistes des Lebens sollen sie uns vermitteln?

Als erstes lehren sie, daß der Wille des Ewigen auf die Offenbarung des Guten abzielt, daß also Gott und gut dasselbe ist.

Wenn ich die frohen Gesichter der Blumen vor mir sehe, ist es, als raunten sie mir zu: »Es gibt nichts Böses, sondern nur das unendliche Gute.« Und wenn ich weiter auf ihren zarten Liebreiz blicke, wird es mir zur unumstößlichen Gewißheit, daß der Geist, der diese Blumen ins Dasein rief, nur gut sein kann.

Darum wende ich den Blick von den Blumen fort ins Leben hinaus und bekenne: »Es gibt keine bösen Mächte, sondern nur die unendliche Macht des Guten. Gott kann nichts Übles wirken, noch quält er mich mit Sorgen, Unglück und Mangel; was immer ich leide, ist Frucht meines eigenen falschen und unweisen Denkens und Tuns. Alles ist gut, und wenn ich mein Denken in Harmonie bringe mit dem Geist des Guten, dann wird mein Leben, gleich dem der Blumen, ein vollkommenes Spiegelbild und Betätigungsfeld des liebenden Willens des Ewigen.«

Die Blumen, diese lieblichen Boten aus dem Unsichtbaren, künden mir, daß der Sinn und Zweck des Lebens und der Entwicklung die immer vollkommenere Offenbarung des Guten ist.

Eine Blume wird gänzlich von ihrem Lebenstrieb und, ihr unbewußt, vom Geist des Lebens geleitet. Sie kennt keinen freien Willen im Sinne hemmungsloser Willkür, sie ist frei vom Ich-Wahn, sie gibt einfach dem Wesen und der Liebe des Unendlichen Ausdruck, der sie ins Dasein rief.

Wenn ich die geduldigen Blümelein vor mir ansehe und mich besinne, wer sie werden, wachsen und sich entfalten ließ, dann ist es mir unmöglich, irgend etwas zu fürchten, was das Leben mir bringen wird, oder mich darum zu sorgen, was die Zukunft wohl für mich bereit hält. Nein: »Es gibt keine bösen Mächte, nur die unendliche Macht des Guten!« —

Als zweites lehren mich die schweigsamen Zeugen des Ewigen unendliche Geduld und Beharrlichkeit.

Das Lebensziel der Blumen ist, die Erde durch ihr Blühen zu verschönen und bei ihrem Scheiden die Keime möglichst vieler Blumenkinder von gleicher Schönheit zu hinterlassen. Diesem Ziel bleibt die Blume unentwegt treu auch angesichts der größten Existenzhindernisse und Schwierigkeiten.

So spricht mich aus der Blume das Wesen des Ewigen an, der gütige Geduld ist, unermüdliche Ausdauer. Einerlei, wie ungünstig der Boden und das Klima auch sein mögen, immer strebt die Blume nach Wachstum und Mehrung.

Wie weit hat sich, im Vergleich zu ihr, der Mensch von der Natur entfernt: wohin wir uns wenden, hat er die Natur mit Staub- und Steinhaufen durchsetzt, mit immer weiter sich dehnenden Wüsten des Todes, in denen er Tag um Tag, jahrein jahraus dahinlebt.

Doch selbst an diesen Stätten steinerner Eintönigkeit sucht die gütige Natur ihren Liebreiz zu entfalten: über den mißhandelten Boden, über die Kampffelder menschlicher Besitzsucht und Habgier läßt sie mählich Gras und blühendes »Unkraut« wachsen — Heilkräuter, mit denen sie die Nacktheit und die gräßlichen Wunden des Bodens zu bedecken sucht, um auch hier ihre grünende Pracht zu offenbaren.

Wie schwierig auch die Lebensverhältnisse auf solchem Boden sein mögen, die Blumen suchen dennoch mit unermüdlicher Geduld, sich zu entfalten und zu mehren. Sie schelten und klagen nicht, noch geben sie es je auf, ihr Ziel zu erreichen — sie bleiben bei zu wachsen und uns zu erinnern: unendliche Geduld, Beharrlichkeit und Ausdauer sind die Merkmale des Geistes und des Lebens, die sich uns in den lieblichen Blumen sichtbar kundgeben. —

Als drittes offenbart eine Blume Schönheit in Farbe und Form.

Dies ist die unerschütterliche Tendenz ihres Daseins: immer mehr Schönheit und Anmut sichtbar zu machen. Wenn ich mich in den Liebreiz der Frühlingsblumen vor mir versenke, dann spricht ihre keusche Anmut, ihre holde Sanftmut meine Seele an, ohne daß ich dieses Gefühl näher beschreiben kann.

Doch wenn ich auch außerstande bin, dem Gefühl ein Wortkleid zu geben, das die Blumen aus den Tiefen meines Herzens ans Licht rufen, so vermag ich doch die Botschaft aus dem Unsichtbaren zu vernehmen, die die Blumen ohne Worte verkünden: »Der göttlich-gute Geist hinter allen Geschöpfen der Natur ist ein Geist der Schönheit. Und der Weg, den alle Schönheit weist, führt zu Gott.«

Wo immer wir wahrhafte Schönheit anbeten, neigen wir uns vor dem Schöpfer alles Schönen. Alles, was schön ist, ist es, weil es Ausdruck des Ewigen ist.

Abermals höre ich die Blumen zu mir sprechen:

»Lebe wie wir! Glaube, vertraue, sei Dir selber, Deiner innersten göttlichen Anlage treu, sei stark und geduldig, edel und gut, beharrlich und groß — und sei vor allem eine lebendige Offenbarung der Schönheit des Ewigen! Blicke auf uns: wenn Du unsere Schönheit nicht erkennst, erkennst Du Gott nicht. Wenn Schönheit und unerschütterliche Hingabe an alles Edle und Gute nicht den Kern Deines Wesens und Lebens bilden, bist Du vom Wege Deiner Bestimmung und damit vom Wege des Glückes abgewichen.«

Der Mensch besitzt einen freien Willen und kann das Gute und Schöne wählen oder das Böse mehren. Zu seinem Unglück neigt er aus Unwissenheit oft zum letzteren; und nichts ist übler als die Vergötzung des Häßlichen. Denn indem er sich mit unschönen Dingen umgibt, macht er sich selbst häßlicher, unglücklich und elend. Durch Anbetung und Mehrung des Unschönen ruft er Übel und Leid für sich und seine Mitgeschöpfe ins Dasein. Er kommt auf die Welt, müht sich ein Leben lang in ihr und läßt sie häßlicher zurück, als er sie betrat.

Was raunen die Blumen mir zu? »Blicke auf uns«, wispern sie leise, »achte auf die unbefleckte Reinheit unserer Farbenpracht und erkenne in der Schönheit den Weg zu Gott. Sieh uns an und Du blickst in das Antlitz des Ewigen!«

Da sind die Botschaften aus dem Unsichtbaren, die die Blumen mir zutragen. Wie aber können wir sie praktisch befolgen? Können wir uns einfach in Gärten und Wälder verpflanzen und nur noch in engster Berührung mit der Natur leben? Nein. Wir sind unentbehrliche Teilchen des Lebensganzen, bilden notwendige Steinchen in der Mosaikarbeit des Kosmos. Keiner von uns soll und kann sich dem Kreis seiner Pflichten und Verantwortungen entziehen.

Wir haben die Aufgabe, das Unsere zum Wohl unseres Volkes und damit der Menschheit beizutragen, indem wir mithelfen, die gefesselte Seele des Menschen zu befreien. Aus diesem Grunde ist es für die meisten unter uns unvermeidlich, weiter in den Städten zu leben. Was sollen wir tun?

Es leuchtet ein, daß ein Mensch, bevor er glücklich und zufrieden werden kann, zuvor nach Möglichkeit alles Häßliche aus seinem Leben und seiner Umgebung entfernen und ausmerzen und an dessen Stelle das Schöne setzen muß. Denn indem der Mensch sich mit lieblichen, sein Herz erfreuenden Dingen umgibt, umgibt er sich mit Offenbarungen und Kraftquellen des Göttlich-Guten und wird im gleichen Maße ein Ebenbild und Kraftzentrum des Ewigen.

Doch das liegt für viele in der Zukunft. Was können sie *heute* schon tun?

Folgendes: jeder von ihnen kann auf seine Weise dem Schönen nachstreben und das Schöne anbeten und dadurch das Unerfreuliche aus seinem Umkreis entfernen. Erziehen wir uns dazu, keine unschönen Dinge mehr in unserer Nähe zu dulden, vermeiden wir jeden unguten Gedanken, richten wir, im Anblick häßlicher Bilder oder unerfreulicher Zustände, unser ganzes Wollen und Wünschen auf bessere Dinge, auf das Edle und Wahre. Helfen wir nach Kräften, diese unsere Welt schöner zu gestalten — nicht für uns allein, sondern für alle.

Nicht zuletzt sollten wir täglich wenigstens ein paar Blumen um uns haben, und wären es auch nur einige schlichte Blumen auf dem Arbeitstisch, in Büro und Werkstatt, und ebenso daheim, damit sie uns an die Schönheit des Lebens erinnern und uns in Harmonie erhalten mit dem Ewigen.

Wenn wir uns müde und kraftlos fühlen, wollen wir zu diesen Vorbildern göttlicher Geduld und Schönheit aufsehen und wieder Mut fassen. Wenn wir verwirrt und in Sorge sind, wollen wir uns eins fühlen mit diesen stillen Boten aus dem Unsichtbaren, um in lebendige Berührung mit dem Ewigen zu kommen, der sie wie uns ins Leben rief. Wenn Not und Elend wie eine Sturmflut über uns hereinbrechen, wollen wir in ihr süßes Antlitz blicken und auf ihre Frohbotschaft lauschen: »Es gibt keine bösen Mächte, sondern nur die unendliche Macht des Guten!«

Unsere bejahenden Gedanken sind es, die uns den Sieg im Leben sichern. Mögen gute Gedanken uns inspirieren, dann werden sie und damit zugleich unser Leben von selbst schöner, lichter und vollkommener.

Der Pfad der Einweihung

Der Weg der Schönheit ist ein Pfad der Einweihung in die Wunder und Geheimnisse der Natur. Diese Initiation wird nicht von Menschen vollzogen, sondern vom Leben selbst. Wir alle, die wir auf dem Wege zur Höhe sind, werden vom Geist des Lebens täglich geschult, erprobt und für immer höhere Aufgaben vorbereitet.

Unser ganzes Leben besteht aus einer endlosen Reihe förderlicher Erfahrungen, und einzig und allein davon, ob wir viel oder wenig aus diesen Erfahrungen lernen, hängt es ab, ob wir auf unserem Wege erfolgreich höherschreiten oder nicht.

Um auf diesem Wege der Einweihung voranzukommen, bedarf es keiner geheimnisvollen Schulung. Manche meinen, daß sie, um ›Eingeweihte‹ zu werden, besondere geistige Übungen durchführen müßten, bis sie schließlich ihren Körper verlassen und nach immer schwereren Seelenprüfungen zu einer Art mystischen Initiation gelangen. Das ist ein Irrtum. Alle diese Initiationen, wie wir sie aus den Mysterien-Schulen des Altertums kennen, sind Nachahmungen der Einweihungen, die die Natur selbst an denen vollzieht, die ihr mit sehenden Augen und offenem Herzen nahen. Sie prüft sie und schickt ihnen bestimmte Erfahrungen und Lehren, die die solchermaßen in die Schule der Natur Genommenen immer tiefer in die Geheimnisse des Lebens einweihen.

Aber »viele werden gerufen, wenige jedoch auserwählt.« So manche betraten den Pfad der Einweihung frohen Mutes, um ihn bald wieder zu verlassen, weil die gestellten Aufgaben ihnen zu schwer schienen. Nach den ersten Schritten auf dem Wege zur Höhe entdeckten sie, daß sich neue Kräfte in ihnen regten, sie wurden sich ihrer neuen Macht berauscht bewußt und — unterlagen der Versuchung, diese Macht für egoistische Zwecke zu mißbrauchen. An dieser Klippe scheitern viele.

Ebenso viele scheitern an einer zweiten Klippe: im Angesicht der ersten Schwierigkeiten scheint alles sie überreden zu wollen, doch zu ihrem früheren bequemen Dasein zurückzukehren. Auch diese Prüfung wird von den meisten nicht bestanden: sie kehren in ihr altes Leben zurück und beweisen eben dadurch, daß sie für höhere Aufgaben noch nicht reif waren.

Die höheren Einweihungen bleiben denen verschlossen, die schon über die ersten Hindernisse stolpern und dann enttäuscht umkehren.

Bestehen wir aber diese Ausdauer- und Mut-Proben und beweisen wir, daß hinter unserer Geduld und Beharrlichkeit die Gewißheit unseres schließlichen Sieges steht, dann kehrt die Sonne bald zurück und das Leben wird wieder freundlicher. Trotzdem sind die alten Gewohnheiten und Neigungen großenteils noch da und nur durch immer erneute Hinwendung zum Ewigen vermögen wir sie stufenweise zu überwinden.

Werden bei unserem weiteren Vordringen die inneren Sinne wacher, dann wird uns eines Tages bewußt, daß uns von Zeit zu Zeit besondere Aufgaben gestellt werden, die es zu meistern gilt.

Treten wir diesen Aufgaben nicht mit der rechten Einstellung gegenüber, übersehen wir die Lehren, die sie bergen, oder suchen wir uns um die Erfahrungen, die sie uns vermitteln, zu drücken, dann werden uns diese Aufgaben wieder und wieder gestellt, bis wir die Lektion gelernt und den durch sie angezeigten schwachen Punkt in unserem Charakter und Wesen ausgemerzt haben. Haben wir gelernt, was der Geist des Lebens uns zum Bewußtsein bringen wollte, dann ist die Aufgabe bestanden und wird uns nicht mehr gestellt.

Nach einiger Zeit der Ruhe und Vorbereitung sehen wir uns vor abermals größere Aufgaben gestellt, zu deren Meisterung wir früher nicht fähig gewesen wären, die wir aber jetzt, da umfassendere Kräfte in unserer Seele wach wurden, zu lösen imstande sind.

In jedem Fall sind die jeweiligen Aufgaben, die das Leben

stellt, dem Reifegrad der Seele gemäß. Niemand wird Aufgaben und Notwendigkeiten gegenübergestellt, die seine Kräfte übersteigen. Wir vermögen also jede Aufgabe zu lösen, jede Not zu überwinden, wenn wir dem Ewigen und der Kraft in uns vertrauen und unter keinen Umständen nachgeben oder in unserem Bemühen erlahmen.

So schreiten wir Stufe um Stufe höher, wobei jedem neuen Schritt aufwärts eine Zeit der Erprobung vorangeht. Alles das geht vor sich, während wir unsere Alltagspflichten erfüllen. Wir brauchen also keine besonderen mystischen Übungen und Einweihungs-Zeremonien. Kein Mensch, nur das Leben selbst kann uns einweihen, und das tut es, indem es uns mitten im Alltagsleben und Daseinskampf *die* Aufgaben stellt, die unserer inneren Entwicklungsstufe entsprechen und, recht gelöst, dazu führen, daß wir abermals einen Schritt vorwärts tun auf dem Höhenwege fortschreitender Einweihung.

Es ist eine befreiende Erkenntnis, wenn wir uns einmal bewußt werden, daß wir täglich erprobt werden und daß unser ganzes Alltagsleben im Grunde eine ununterbrochene Schule ist, die jeden von uns beständig höher führt.

Diese Erkenntnis ist viel wichtiger, als die meisten ahnen, denen diese Entdeckung noch bevorsteht. Denn in dem Augenblick, da diese Erkenntnis in uns lebendig wird, wissen wir mit absoluter Sicherheit, daß wir auf dem Pfade der Einweihung sind und daß unsichtbare Kräfte uns helfen und höhenwärts führen.

Diese Erkenntnis ist auch deshalb wichtig, weil sie uns die Augen für die Tatsache öffnet, daß wir vor bestimmten Aufgaben standen, wo wir meinten, bloß vom Mißgeschick verfolgt zu sein. Diese Entdeckung erfüllt uns mit neuer Zuversicht, zeigt sie uns doch, daß wir allen Widrigkeiten zum Trotz unaufhörlich höhersteigen, wenn wir nur uns selber treu bleiben, vorwärts blicken, geduldig unseren Weg gehen und uns von innen her leiten lassen.

Sowie wir uns dem Ewigen zuwenden und ihn durch uns wirken lassen, ist der Sieg uns sicher. Wir mögen wieder und wieder Fehler machen, stolpern und fallen, unsere Mühe mag oft vergeblich scheinen – wir werden dennoch unserem Glücke nicht entgehen!

Prüfungen sind Erprobungen

Manchmal wird in diesem Zusammenhang die Frage aufgeworfen: »Warum erleben die, die ihr Dasein dem Ewigen weihen, oft noch längere Zeit hindurch Rückschläge und Enttäuschungen? Ist es nicht eine Ungerechtigkeit, daß andere, denen alles Höhere gleichgültig ist, es gut haben, während die, die nach dem Guten streben und ihr Bestes geben, mit allen möglichen Nöten kämpfen müssen?«

Hier liegt ein Irrtum vor, der ausgeräumt werden muß, weil so mancher meint, daß er dem Leide dadurch entgehen könne, daß er sein Leben einem Ideal weiht.

Damit, daß wir unser Leben einer hohen Idee widmen, sind wir noch nicht auf eine höhere Stufe gelangt und dem Leid enthoben. Wir haben mit den gleichen Unzulänglichkeiten irdischen Daseins zu kämpfen wie der Alltagsmensch – ja mit größeren, weil wir ja im Gegensatz zum Alltagsmenschen gegen den Strom des stofflichen Geschehens schwimmen, weil wir nicht in den Niederungen bleiben wollen, sondern höherstreben.

Unser Kampf ist folglich schwerer als der des auf der Ebene Dahintreibenden; aber dafür hat unser Kampf auch ein höheres Ziel. Wir schreiten von Jahr zu Jahr sichtbar höher und uns winkt am Ende der sichere Sieg, während den

Alltagsmenschen am Ende die Sinnlosigkeit seines Trachtens und Strebens angrinst.

Die Quellen unseres Glückes fließen nach jedem überstandenen Kampf, nach jeder gelösten Aufgabe stärker als vorher, während die des Alltagsmenschen mehr und mehr versiegen, da ihn immer mehr Dinge, nach denen er gierte, im Augenblick ihres Besitzes enttäuschen und anwidern.

Wir müssen lernen, von uns abzusehen, müssen anderen zu helfen und ihre Sorgen zu tragen suchen — dann werden wir im gleichen Augenblick beglückt erleben, wie unsere eigenen Sorgen dahinschmelzen, wie die Widerstände auf unserem eigenen Höhenpfad geringer werden.

Aber dieses Leichterwerden unseres Lebens darf uns ebensowenig beirren wie die vorübergehenden Schwierigkeiten. Wenn wir auf dem Pfade zur Höhe eine gewisse Stufe erreicht haben, dann geht es eine Weile glatt voran. Wir fühlen uns glücklich und erhoben, keine Wolke ist am Himmel, um unsere Freude an der Freiheit und Unendlichkeit des Geistes zu trüben. Die alten Fehler scheinen überwunden, die früheren Schwächen scheinen entsprechenden Kräften gewichen zu sein, und geistige Mächte ziehen uns fühlbar höhenwärts.

Aber bald kommt eine neue Hürde: auf einmal geht es nicht mehr so leicht, wie wir dachten. Und schließlich scheint uns das Hindernis zu hoch, als daß ein Mensch darüber hinweg gelangen könnte.

Versuchen wir nun, einen *Umweg* um dieses Hindernis zu machen, dann geraten wir in weit größere Schwierigkeiten. Auf dem Pfad zur Höhe gibt es keine Umwege; entweder überrennen wir das Hindernis oder müssen wir dorthin zurück, von wo wir kamen.

Welchen Weg werden wir wählen? Der Weg zur Höhe, selbst wenn er gangbar wäre, scheint zu nichts als wachsenden Aufregungen, Ungewißheiten und Gefahren hinzuleiten. Blicken wir zurück, locken uns die Lichter der Stadt, aus der wir kamen. In der Ferne hören wir den Lärm rauschender Feste und Vergnügen, während wir auf halber Höhe allein stehen, in der Finsternis der kalten Nacht, im Angesicht einer schier unübersteigbaren Schwierigkeit, von der wir zudem nicht wissen, was nach ihr kommt. Was hat es für einen Sinn, hier weiterzuschreiten? Warum nicht lieber umkehren und an dem Fest des Lebens teilhaben, statt diesen mühseligen Weg weiterzuverfolgen? . . .

Wofür entscheiden wir uns?

Diejenigen, denen es um den Aufstieg zur Höhe nicht ernst ist, die nicht von dem eisernen Willen beseelt sind, allen Hindernissen zum Trotz ihren Weg fortzusetzen, denen das zu erobernde Reich Gottes nicht *so* über alles geht, daß kein Widerstand und kein Rückschlag sie zu beirren vermag — alle diese kehren dorthin zurück, von wo sie kamen. Sie haben ihre Untauglichkeit für ein Leben unerschütterlichen geistigen Fortschritts bewiesen, haben gezeigt, daß sie noch nicht fähig sind, die lichten Höhen der Gottheit zu erklimmen.

Aber diejenigen, denen es ernst ist, deren ganzes Denken unbeirrt auf das Ewige gerichtet ist, die entschlossen sind, lieber zu sterben als nachzugeben — alle diese gelangen über das Hindernis hinweg. Es vermag sie nicht aufzuhalten; denn im Grunde gibt es keine Macht in der Welt, die eine Seele aufzuhalten vermöchte, in der der Wille flammt, mit dem Ewigen eins zu werden.

Beweist die Seele ihre beharrliche Entschlossenheit, dann weichen die Widerstände und der Weg zur Höhe wird frei.

So steigen wir zu den Sternen. Vor jedem neuen Aufstieg aber liegt eine Zeit der Schulung und Erprobung. Und das ist gut so.

Gerade im Alltag, im ›Moder und Staub der Dinge‹, machen wir die Erfahrungen, die für unsere geistige Entwicklung am förderlichsten sind. Haben wir einmal den Pfad der Einweihung beschritten, dann offenbaren sich alle Erfahrungen unseres Lebens, die prosaischsten wie die größten, als geistige Hilfen.

Jede Schwierigkeit ist eine Probe unseres Vertrauens zum Ewigen. In jeder steckt eine Lehre, und wir handeln weise, wenn wir sie erkennen und uns zu eigen machen.

Je williger wir die Botschaften des Lebens aufnehmen, desto erfolgreicher meistern wir spätere Schwierigkeiten und Prüfungen, mögen diese uns nun daheim, im Geschäft und Beruf oder sonstwo begegnen.

Und wenn wir gar so aufgeschlossen werden, daß wir selbst die leise Botschaft einer *Blume* nicht ungehört verhallen lassen, dann wird unser Schicksalssinn so feinfühlig, daß wir das Kommende immer deutlicher vorausahnen und ihm zuvorzukommen vermögen.

Wir erkennen dann immer klarer, daß der einzige Weg, unser Schicksal zu ändern, der ist, uns selbst zu ändern, so daß die leidvollen Erfahrungen, die dem Unweisen das Leben schwer machen, für uns unnötig werden.

Was ist also das Schicksal? Es hat nichts mit Strafe zu tun, obwohl es die Ernte dessen ist, was wir selbst säten. Es ist eine Reihe von Erfahrungen, die durch den Mangel bestimmter Charakter-Eigenschaften ausgelöst wurden.

Wer viele trübe Erfahrungen durchgemacht und etwas aus ihnen gelernt hat, der weiß und bestätigt, daß diese Erfahrungen ihm insofern nützten, als sie gewisse Kräfte und Fähigkeiten in ihm zum Wirken brachten. Und er bestätigt weiter, daß, wenn diese von den Schlägen des Schicksals geweckten Kräfte und Fähigkeiten schon vorher in ihm tätig gewesen wären, die betreffenden Schicksalsschläge ihn gar nicht hätten erreichen und berühren können.

Es ist eine unerschütterliche Wahrheit, daß wir, wenn wir den Weg rechten Denkens gehen, von innen her verwandelt und für zahllose Widrigkeiten unerreichbar werden. Wir werden zu ›neuen Menschen‹. Das ist keine leere Redewendung, sondern eine unbestreitbare Tatsache: wir werden im Laufe der Zeit zuerst innerlich und dann auch äußerlich neue Wesen.

Dem oberflächlichen Betrachter mag es zwar scheinen, als seien wir die gleichen geblieben; aber der aufmerksame Beobachter erkennt die fundamentale Veränderung, die vor sich ging. Wir sind nicht mehr dieselben, weil unser altes Ich im Sterben liegt und der neue Geist in uns sich täglich sieghafter erhebt.

Mit dieser inneren Wandlung verändern sich auch unsere Wünsche und Erwartungen. Dinge, die uns früher an die Materie fesselten, vermögen uns nicht mehr zu halten. Kräfte, die uns bisher banden, haben ihre Macht über uns verloren. Es wird uns immer unmöglicher, etwas Ungutes und Unschönes zu tun. Was uns einst lockte, stößt uns heute ab. Immer mehr erkennen wir, einmal auf dem Höhenpfad der Einweihung, das *Gesetz der Liebe* als das oberste Gesetz unseres Lebens.

Und auch das Leben ist für uns etwas anderes geworden, als für den ziellos dahintreibenden Alltagsmenschen. Es besteht aus einer unaufhörlichen Reihe wundersamer Erfahrungen, deren jede sich als eine Einweihung enthüllt, die uns auf unserem Wege weiterhilft und uns zu immer vollkommenerem Begreifen und Ergreifen der Wahrheit und des Göttlichen befähigt.

Immerfort warten höhere und verantwortungsreichere Stellungen im Leben auf uns. Aber wir finden sie erst, wenn wir fähig geworden sind, sie zu bekleiden.

Jeder gelangt früher oder später dorthin, wohin er seinem Denken und Können nach gehört. Die Umgebung als solche, die Verhältnisse sind machtlos; sie sind formbar wie Lehm und ein Abbild unseres inneren Zustandes. Wo der Geist in uns die Führung ergreift, müssen Materie und Verhältnisse folgen.

Schule des Lebens

Um von den Sorgen und Nöten des Daseins frei zu werden, gilt es zuerst und vor allem, das Leben als eine Schule anzusehen. Wer auf dem Pfade zur Höhe emporsteigt, gleicht in der Tat einem Schulkind: er macht eine Prüfung nach der anderen durch, um zu erweisen, daß er geeignet ist, in höhere Klassen versetzt zu werden.

Schwierigkeiten tauchen auf dem Wege jedes Wesens auf. Und niemand würde sich über diese Hindernisse zwischen sich und seinen hohen Idealen beklagen, würde er nur erkennen, wie unentbehrlich diese Schwierigkeiten auf den einzelnen Entwicklungsstufen für die Entfaltung der jeweils benötigten Kräfte seiner Seele sind.

Wir rufen unsere eigenen Einweihungen dadurch herbei, daß wir an die Tür einer höheren Schulklasse klopfen und Einlaß begehren. Ungeduldig warten wir darauf, in eine größere Schule der Erfahrung einzutreten; aber zuerst müssen wir unser Zeugnis vorweisen, also den Nachweis erbringen, daß wir fähig sind, mit den kleineren Schwierigkeiten des Lebens fertig zu werden, ehe uns neue Türen geöffnet werden, durch die wir unbesorgt hindurchschreiten können. Ist einer fähig, sich aufs wildbewegte offene Meer hinauszuwagen, wenn er schon Angst hat, den geschützten Hafen zu durchqueren?

Mannigfacher Art sind die Schwierigkeiten, Sorgen und Nöte, die dem begegnen, der den Pfad zur Höhe betreten hat, und jede einzelne von ihnen ist notwendig. Jede Aufgabe, die das Leben uns stellt, ist eine Selbstprüfung, eine Gelegenheit der Kraftbewährung, die wir in dem betreffenden Augenblick brauchen, um für das gerüstet zu sein, was vor uns liegt, um unsere Sicherheit und Überlegenheit zu bewähren und zu erhöhen und — was das Wichtigste von allem ist — dem Herzen des Ewigen abermals näher zu kommen.

Wer die große Wahrheit begriffen hat, daß das Leben aus einer endlosen Reihe von Einweihungen besteht und daß darum jede Aufgabe, jede Schwierigkeit, jede Not jeweils in dem Augenblick, da sie vor uns hintritt, nötig und vorteilbringend ist, der beklagt sich nicht mehr über die jeweiligen Widrigkeiten, die ihm begegnen.

Gewiß wird er sie nicht mit Begeisterung willkommen heißen; aber er wird sie nicht bejammern und sich nicht gegen die Entwicklung stemmen. Denn er weiß jetzt, daß er unangefochten und siegreich über alle Schwierigkeiten hinwegkommen wird, wenn er geduldig und standhaft ausharrt, den Blick auf den Ewigen gerichtet hält und im Angesicht der Not sein ganzes Vertrauen auf den Geist Gottes in ihm setzt.

Trotz dieser Gewißheit, die aus tausendfacher Erfahrung gewonnen ist, findet mancher seinen Weg zeitweise dunkel und die Last der Sorgen unerträglich. Das beste, was er in solchen Augenblicken der Entmutigung tun kann, ist, direkt auf die Schwierigkeit loszugehen.

Befürchtungen und Ängste werden genährt durch das uneingestandene Bestreben, einer Not zu entgehen. Steuern wir dagegen direkt auf die Schwierigkeit los — in der felsenfesten Gewißheit, daß alles unserem Besten dienen muß —, dann weicht das gefürchtete Übel im Augenblick seiner Berührung vor uns zur Seite und die Sonne der göttlichen Liebe leuchtet uns von neuem.

Wie oft schon ist diese Erfahrung gemacht worden — und wie wenige beachten sie doch! Erst kürzlich fragte mich ein junger Mensch, der in einer Not nicht mehr ein und aus wußte, was er tun solle, um der drohenden Gefahr zu entgehen. Meine Antwort war: »Stelle Dich bewußt und vertrauend unter den Schutz des Ewigen und schreite direkt auf die Gefahr los, ihr tapfer begegnend, statt ihr auszuweichen!«

Unser Freund folgte dem Rat mit dem Ergebnis, daß die Schwierigkeiten sich sehr rasch verwandelten und als verkappte Segnungen enthüllten.

Dieser Rat mag billig und für einfache Gemüter berechnet scheinen. Aber in Wirklichkeit ist er das Beste, was wir auf Grund tausendfacher praktischer Erfahrungen in allen derartigen Fällen als zuverlässige Hilfe darzureichen vermögen. Ich gebe ihn jedem, der in Not ist, weil er mir oft in gleicher Lage wunderbar geholfen hat.

Ich stand einmal einer Situation gegenüber, die mehr als entsetzlich war. Als ich jedoch — und das geschah blitzartig — einsah, daß alles, aber auch ausnahmslos alles nur meinem Besten dienen kann, und dann in diesem Vertrauen mein Schicksal gläubig in die Hand des Ewigen legte und ihn bat, mich zu führen, da erfüllte mich im gleichen Augenblick eine unendliche Ruhe und Gelassenheit, Dankbarkeit und Freude, die mich das einzig Richtige tun ließen, so daß die Katastrophe vermieden wurde und die Gefahr vorüberzog, als wäre sie nie gewesen . . .

Wir müssen die Sorgen und Nöte des Lebens aber auch noch von einer anderen Seite aus ansehen. Auch hier ist das schlichte Vorbild und Beispiel der *Blumen*, die ihre Schönheit und ihren Duft nicht zuletzt um anderer Wesen willen entfalten, der beste Lehrer:

Während ein Mensch, der den Pfad zur Höhe betreten hat, die Unordnung in seinem Leben dadurch, daß er seine Gedanken mit dem Gesetz der Liebe in Harmonie bringt, auf ein Mindestmaß zurückschraubt, kann ihn trotzdem und daneben noch die Sorge anderer Wesen berühren.

Sein größeres Vermögen, andere zu lieben und ihnen zu helfen, bringt ihm notwendig Erfahrungen ein, die er sonst nicht machen würde. Tatsächlich wünscht er auch nicht, diesen Erfahrungen auszuweichen; denn der beherrschende Gedanke fortgeschrittener Seelen ist der, andern zu helfen und Tag für Tag die Aufgaben und Erfahrungen zu meistern, die das Leben an sie heranträgt. Vielleicht haben ihre wichtigsten Sorgen gar nichts mit ihrem eigenen Leben zu tun, vielleicht ist einer, den sie gern haben, in Not und Gefahr oder auf dem falschen Wege.

Jeder von uns hat, zu gewissen Zeiten, Erfahrungen solcher Art durchzumachen. Die Nöte anderer können uns manchmal mehr Sorge bereiten als irgend etwas, was uns selbst befallen könnte. Und zuweilen denken wir vielleicht: »Was mag wohl das Gute daran sein? Ist mir keine ruhige Stunde beschieden, die von derartigen Erfahrungen frei ist?«

Das ›Gute daran‹ ist, daß eben diese Erfahrungen das geistige Leben bereichern und daß wir durch sie das Wesen des Lebens vollkommener erfassen als auf andere Weise.

Jeder, der den Pfad zur Höhe betreten hat, wird das früher oder später erfahren und einsehen und sich dann seiner inneren Helferkraft und Gottverbundenheit lebendiger als zuvor bewußt sein. Er wird von neuem eine Stufe höhersteigen und der Fülle der Liebe und Fürsorge des Ewigen abermals vollkommener innewerden.

Ein harmonisches Leben vermag nur der zu führen, der harmonisch zu denken lernt und sich von innen her, vom Geiste Gottes in ihm, durchs Dasein leiten läßt.

Wenn wir ins All hinausblicken, sehen wir überall das Wirken der Gesetze der Ordnung und Harmonie. Trotz der unendlichen Verwickeltheit des Allorganismus wirkt alles in ihm harmonisch zusammen gleich den Teilen einer ungeheuren Maschinerie.

Und obwohl sich alles mit phantastischen Geschwindigkeiten durch die Räume bewegt, jeder Himmelskörper seiner vorbestimmten Bahn folgt, gibt es keine Verkehrsstörungen und Stockungen im Kosmos, und keine falschen Weichenstellungen und Fehlweisungen können Verwirrung und Unordnung auslösen. Kein Weltkörper kommt zu früh oder zu spät, jeder folgt dem Gesetz, nach dem er angetreten, und ist rechtzeitig an seinem Platz.

Das ganze Zusammenspiel der Welten geht reibungslos und ohne Lärm vor sich, weil der ordnende Wille des All-Geistes im Weltgeschehen wirkt.

Und wie im sichtbaren Universum, so fügt sich auch im Reich des Geistes unmerklich und reibungslos eins ins andere. Und diese innere Harmonie der Welten kommt naturgemäß auch in unserem Leben zum Ausdruck — so weit wir nicht von uns aus Verwirrung und Unordnung hineintragen.

Ist also unser Leben unharmonisch und leidvoll, dann nur als Folge der Disharmonie unserer Gedanken; es wird von selbst harmonisch, wenn wir unser Denken und Wollen innerlich dem Willen des Ewigen angleichen.

Alle Mißhelligkeiten des Lebens haben ihre Ursache *in uns*, nicht außer uns. Zwar neigt der Alltagsmensch dazu, in der Außenwelt nach den Ursachen seiner Nöte Ausschau zu halten; aber die innere Führung mahnt uns genau so wie die Botschaft der Blumen, in uns nach den Ursachen zu suchen.

Im Reich des Geistes gibt es keine Disharmonien, und wenn wir uns mit diesem Reiche innerlich verbinden — durch Gewöhnung an rechtes, harmonisches Denken —, dann offenbart sich auch in unserem Leben die Harmonie des Ewigen.

Wenn im Makrokosmos eine Sonne ihre Bahn verließe, wäre dies der Anfang zunehmender Unordnung und Zerstörung. Im Laufe der Zeit würde sie einen immer größeren Teil des All-Organismus ins Stocken geraten lassen . . .

In gleicher Weise gerät der Mikrokosmos unseres Lebens in zunehmende Unordnung, wenn unsere Gedanken die gottgewollte Bahn des Positiven verlassen und ins Negative abirren. Die gestörte Harmonie kann nur wiederhergestellt werden, wenn wir den Weg rechten Denkens erkennen und aufs neue einschlagen.

Disharmonien und Leiden sind die ständigen Begleiter des Menschen geworden, weil er nicht mehr im Einklang mit dem göttlichen Gesetz lebt, weil er sich nicht mehr von innen her leiten läßt und infolgedessen nicht mehr den Himmel auf Erden zu verwirklichen vermag.

Wer sich vom Geiste Gottes in ihm führen läßt, der schafft um sich ein Paradies des Friedens, der Freude und der Fülle. Kampf und Not des Lebens vermögen ihn immer weniger zu erschüttern, die flüchtigen Güter der Welt vermögen ihm nicht mehr den Blick für die Wirklichkeit zu trüben.

Ein großer Teil der Enttäuschungen und Verluste hängt mit Wünschen zusammen, die auf vergängliche Güter und Werte gerichtet sind.

Wenn wir uns von innen her leiten lassen, richten sich unsere Wünsche von selbst auf höhere Dinge, auf unvergängliche Werte und Schätze. Wir jagen dann nicht mehr atemlos hinter den buntschillernden Seifenblasen des Lebens her, sondern streben nach Reichtümern, die nicht vergehen.

Diesem Streben wird früher oder später Erfüllung, und mit der Erfüllung zieht ein unaussprechlicher Friede und eine Harmonie in unser Herz ein, die auf keine andere Weise erlangt werden kann.

Nichts ist so leicht, als sich von innen her leiten zu lassen; und gleichzeitig ist nichts so schwer.

»Woran erkenne ich, daß ich von innen her geführt werde?« ist die häufige Frage von Anfängern. Die Antwort richtet sich nach der Reifestufe der Seele und läuft im wesentlichen darauf hinaus, daß jeder es für sich selbst erkennen muß.

Zunächst beweist nur die Erfahrung selbst das Wirken der inneren Führung. Bald aber kommt die Zeit, da der strebende Mensch fühlt, ob er in Harmonie mit dem Geist des Lebens wirkt oder ob er dieser Harmonie noch fern ist.

Und schließlich weiß er mit absoluter Sicherheit um seine innere Geborgenheit und um das Geführtsein in allen Dingen des Lebens, und eine unsagbare Freude und Glückseligkeit beginnt sein Herz zu erfüllen, während ihn auf der anderen Seite jeder falsche Schritt, den er tut, solange beunruhigt, bis er ihn zurückgegangen ist, und auf den rechten Weg zurückgefunden hat.

Es gilt also, kühn den Versuch zu wagen, uns der inneren Führung zu überlassen. Und dann gilt es zu warten, bis es in uns licht wird, bis wir immer klarer erkennen, was recht ist, und schließlich der inneren Führung gewiß werden, nicht mehr zweifeln und nichts mehr fürchten.

Wer es wagt, sich gänzlich der inneren Führung zu überlassen, wer sich darüber hinaus in der Stille auf seine Harmonie mit dem Ewigen besinnt und dieser Harmonie durch sein Denken und Tun freudig Ausdruck gibt, der wandelt sein Schicksal und lebt schließlich ein harmonisches Leben.

Er lebt in Gott, er denkt mit Gott, er wirkt mit Gott, und immer sichtbarer offenbart sein Leben infolgedessen sein inneres Einssein mit der Allharmonie, und sein Alltag wird ein immer lebendigerer Ausdruck der Liebe und Fülle des Unendlichen.

Die Dinge, die die Herzen der Menschen beunruhigen, quälen ihn nicht. Er lebt auf einer höheren Ebene des Seins. Von den Kräften der Liebe und Sympathie erfüllt und getragen, hilft er den vom Wege Abgeirrten und Leidenden und sucht, auch ihnen die Augen für die Schönheit des Lebens und ihre Stellung im Dasein zu öffnen.

Welches ist die Stellung des Menschen — im Licht der Wahrheit gesehen?

Vom rein materialistischen Standpunkt aus scheint der Mensch kaum mehr zu sein als ein armer Wurm, der auf einem bedeutungslosen kosmischen Schutthaufen herumkrabbelt und ebenso schnell, wie er erschien, verschwindet.

Vom Standpunkt der Wahrheit aus gesehen, ist der Mensch etwas wesentlich anderes.

Aber selbst wenn wir bei dem Bild der Wurmhaftigkeit des Menschen bleiben, müssen wir zugeben, daß er nur zeitweise ein Wurm ist. Auch die Raupe ist ein Würmchen, aber am Ende verwandelt sie sich in einen farbenprächtigen Schmetterling. Gleichermaßen ist auch der Mensch in seinem unerwachten und unerleuchteten Zustand ein schwaches Geschöpf; dennoch ist er, in den Zeiten der Selbstbesinnung, heroischer Opfer fähig, die eines Gottes würdig sind.

In Wirklichkeit ist der Mensch aber gar kein schwacher und vergänglicher Erdenwurm, sondern *ein werdender Gott.* Unter seiner vergänglichen Körperhülle verbirgt sich ein geistiger Mensch, der sich im Laufe der Zeit immer vollkommener entfaltet und im gleichen Maße vom Reichtum des Lebens Besitz ergreift.

Mit der schrittweisen Offenbarwerdung dieses inneren Menschen, des göttlichen Selbstes, kommen immer neue Kräfte zur Entfaltung, die den Menschen zur Erreichung immer erhabenerer Ziele befähigen, wenn er seine Kräfte nicht in seiner Unwissenheit für ärmliche Alltagszwecke mißbrauchen würde, wie es zumeist der Fall ist, sondern den erwachenden Gott in ihm immer bewußter durch gute Taten und edle Werke offenbaren würde.

Der Mensch kann jedes hohe Ziel erreichen — durch rechte Entfaltung seiner göttlichen Innenkraft. Diese Kraft macht ihn fähig, auf die erbärmlichen Methoden jener Alltagsmenschen zu verzichten, die wähnen, nur durch die Übervorteilung ihrer Mitmenschen für sich etwas gewinnen zu können. Der Gottmensch gelangt auf gänzlich entgegengesetzten Wegen zu Fülle und Erfolg, und zwar ohne sich endlos mühen und abquälen zu müssen und ohne den Zufällen des Daseins unterworfen zu sein.

Der zu sich selbst erwachte Gottmensch steht gelassen und ruhig inmitten der unaufhörlichen Wandlungen des Lebens. Die Gewißheit, daß er ein ewiges Wesen ist und Erbe und Eigner aller Reichtümer des Alls, macht ihn unerreichbar für die Einflüsse, die den Alltagsmenschen immerfort beunruhigen und bekümmern. Er steht über diesen Dingen, heiteren Gemütes, ausgeglichen und unerschütterlich.

Gewiß vermag ein Mensch sich selten mit einem Schlage von der Wurmstufe zu der des Gottmenschen hinaufzuschwingen. Er muß, wie wir sahen, den Pfad zur Höhe mit geduldiger Ausdauer verfolgen. Aber dieser Höhenweg ist weder schwierig, noch gibt es auf ihm unüberwindliche Hindernisse. Jeder kann darum diesen Weg erfolgreich gehen.

II. DER GEIST DER NATUR

»Sieh, so ist Natur ein Buch lebendig,
ist unverstanden, doch nicht unverständlich.«

Goethe.

Die Entwicklungstheorien von Lamarck und Darwin sind heute im Begriff, vollkommeneren Entwicklungslehren Platz zu machen.

Der Lamarckismus lehrte bekanntlich, daß die Arten sich im Laufe unendlicher Zeiträume langsam verfeinern und höherentwickeln durch Anpassung an die Umgebung. Der Darwinismus unterscheidet sich von dieser Theorie durch die Annahme, daß die Höherentwicklung der Arten durch natürliche Zuchtwahl vor sich geht.

Daß weder die eine noch die andere Theorie dem Geschehen im Reich des Lebens wirklich gerecht wird, hat die Wissenschaft inzwischen zweifelsfrei nachgewiesen.

Wir wissen heute, daß die natürliche Zuchtwahl und die Anpassung an die Umwelt nur einen sehr kleinen Teil des Entwicklungsgeschehens ausmachen und daß die Veränderungen und Wandlungen, die in den Pflanzen und Tieren vor sich gehen, vor allem auf *lenkende geistige Kräfte* in den Arten und Einzelwesen selbst zurückgehen.

Es ist weiter bekannt, daß, während im allgemeinen Artveränderungen beispielsweise in der Tierwelt unendlich langsam vor sich gehen, sich also über gewaltige Zeiträume erstrecken, manchmal wichtige Umwandlungen mit überraschender Plötzlichkeit vor sich gegangen sind. Auf Beispiele einzugehen, ist hier nicht der Platz. Es genügt, festzustellen, daß die moderne Wissenschaft daran ist, eben das zu beweisen, was wir seit langem auf Grund praktischer Erfahrungen betonen, daß nämlich jede neue Form aus Gedanken hervorgeht, die Folge schöpferischer Vorstellungen des Ewigen ist.

Es hat sich gezeigt, daß die Entwicklung und Entfaltung der Form nicht so sehr von der Umgebung oder den Gesetzen der Auswahl abhängt, sondern vielmehr von einer *inneren Kraft*, einem Dynamismus, der von der organischen Materie unabhängig ist und sie lenkt und überwacht.

Die Wissenschaft hat als sicher nachgewiesen, daß eine intelligente bewußte Kraft, ein göttlicher Wille in allem Lebendigen wirkt. Professor *Geley* hat dieser Erkenntnis in seinem Werke »Vom Unbewußten zum Bewußten« Ausdruck gegeben, wenn er sagt: »Es gibt nur diese beiden Möglichkeiten. Entweder gibt es keine Entwicklung, oder aller Entwicklung liegt eine innere Kraft zugrunde, die Werden und Entfaltung alles Lebendigen leitet und ordnet. Wenn wir die Tatsache der Entwicklung anerkennen, können wir uns der Erkenntnis nicht verschließen, daß alle die fortschreitenden und vielgestaltigen Wandlungen und Vervollkommnungen im Reiche des Lebendigen bereits in den primitiven, elementaren Formen anlagegemäß vorhanden waren.«

Wir sehen also, daß allem, was ist, ein schöpferischer Gedanke zugrunde liegt. Was wir um uns erblicken, ist das, was es heute ist, durch das unaufhörliche stille Wirken der intelligenten lenkenden Kraft, die ihm innewohnt, geworden. Und diese lenkende Kraft wiederum, die auch *in uns* tätig ist, ist ein Teil des Geistes der Natur, den wir auch Gott nennen.

Wenn wir einen Sonnenuntergang bewundern, sehen wir nicht nur die Sonne untergehen, sondern erblicken ein Weniges vom unendlichen Geist der Natur; und wenn wir unseren Blick liebevoll auf das sanfte Antlitz einer bescheidenen

Blume am Wegrande richten, ersteht in unserem Bewußtsein nicht nur das Bild eines unscheinbaren Blümleins, das seinen süßen Duft unbeachtet verströmt, sondern wir gewahren einen der unvergänglichen Gedanken des Ewigen.

Eben durch die hingebende Betrachtung und bewußte Versenkung in die Schönheiten der Natur werden wir fähig, die Gedanken und schöpferischen Willensimpulse des Geistes der Natur lebendig nachzuempfinden. –

Von *Paracelsus* stammt das Wort: »Wie innen, so außen«, womit der große deutsche Naturphilosoph an die alte hermetische These anknüpfte: »Wie oben, so unten.« Machen wir uns diese Erkenntnisse zu eigen, dann nehmen wir immer mehr der Wunder des Geistes der Natur wahr.

Vielen meiner Leser ist die neugeistige Lehre von der Schöpferkraft des Geistes und der Macht der Gedanken bereits geläufig und vertraut. Der Mensch ist in der Tat ein Schöpfer – entsprechend dem Maße der bereits in ihm erwachten Kraft schöpferischen Vorstellungsvermögens.

Zuerst im Unsichtbaren, dann im Sichtbaren! das ist eines der Gesetze des Universums: zuerst muß das geistige Urbild dessen, was werden soll, geformt und beharrlich im Bewußtsein gehalten werden, bis das innerlich Wirklichkeit Gewordene sich auch in der sichtbaren Welt der Materie zu äußern, zu objektivieren, zu offenbaren beginnt.

Es erscheint nicht plötzlich in seiner vollkommenen Form. Vielmehr nimmt es zuerst eine elementare Form an, aus der sich allmählich ein immer vollendeteres Abbild des inneren Urbildes, der zu Grunde liegenden Idee, herausentwickelt, bis das Ziel erreicht ist.

Ein Geschäftsmann sammelt sich im Geiste auf das lebendige Bild eines großen, erfolgreichen Unternehmens. Er hält dieses Bild im Blickfeld seines Bewußtseins, wo es gewissermaßen das Vorbild, die Gießform, das *geistige Gerüst* bildet, aus dem das äußere Abbild, die sichtbare Entsprechung, die äußere Wirklichkeit hervorgeht.

Im Anfang war das Geschäft klein und hatte scheinbar nur wenig Ähnlichkeit mit dem Idealbild, das sein Schöpfer in sich trug, und dennoch war es der Keim der sich anbahnenden vollkommenen äußeren Widerspiegelung des innerlich Vorgestellten.

Diesem kleinen Geschäft wohnt, weil es die Frucht einer schöpferischen Vorstellung ist, eine Lebenskraft, eine treibende Energie inne, eben die ihm zu Grunde liegende gestaltende Idee, die das Geschäft durch Sturm und Ungemach und über alle Schwierigkeiten hinweg in die ruhigeren Gewässer sicheren Erfolges lenken und dazu führen wird, daß das Unternehmen sich vergrößert und sich solange ausdehnt, bis es ein vollendetes Ebenbild der zugrundeliegenden Idee wird, die der Schöpfer des Unternehmens im Geiste beharrlich nährte und bejahte.

Um ein anderes Beispiel zu wählen: Ein Erfinder formt im Geiste das Bild einer Maschine, die werden soll. Er sieht sie arbeiten — eine Vorstellung, die ihn tagsüber bei seinen Versuchen inspiriert und nachts durch seine Träume schwebt. Schritt für Schritt beginnt die Idee sich in Stahl und Aluminium zu realisieren.

Der Anfang ist noch unvollkommen und unbefriedigend; dennoch ist dieser rohe Keim der Ausgangspunkt der vollendeten Maschine, die sich entsprechend der Idee des Erfinders aus ihm herausentwickeln wird.

Eines Tages, nach vielen Fehlkonstruktionen und Rückschlägen, ist die Maschine fertig und hat genau die Form, die der lang gehegten Idee im Geiste ihres Erfinders entspricht.

Wie innen, so außen! und wie oben, so unten! Genau so wie ein Mensch durch rechtes Denken, durch die Sammlung seines Willens auf eine bestimmte Idee die entsprechende

Wirklichkeit schafft, ist auch der Geist der Natur unablässig am Wirken — aus dem Unsichtbaren ins Sichtbare.

Es gibt im Grunde nur einen Geist, und jeder von uns ist ein individueller Teil des Ganzen, des Unendlichen. Was vom einzelnen Geiste gilt, hat gleichermaßen für den All-Geist Gültigkeit; und wenn wir des holden Liebreizes einer Blume inne werden, dann erkennen wir darin in der Tat eine Offenbarung des unendlichen Geistes des Lebens.

Diese ansprechende Offenbarung der Schönheit, die wir andächtig in die Hand nehmen, ist das sichtbare Ebenbild eines Gedankens der Schönheit, den der Geist der Natur äonenlang in sich trug und weiter in seinem Bewußtsein festhält.

Denn diese Blume, die wir vor uns sehen, hat sich noch keineswegs zu ihrer höchstmöglichen Vollkommenheit entfaltet, da alles in einem unendlichen Fortschreiten zu immer vollkommeneren Formen begriffen ist, in einer Entwicklung, von der kein Ende abzusehen ist.

Die makellose Schönheit einer Blume, die sich mir offenbart, und ihr unaufdringlicher, edler Liebreiz künden mir mehr vom Wirken des Geistes der Natur, als alle Predigten aus Menschenmund es je vermögen.

Sie künden mir vor allem, daß die Pflanze ebenso wie der Mensch ein sich fortentwickelndes Lebendiges ist.

Wie der Mensch, so wird auch die Pflanze geboren, wächst auf, blüht und verwelkt und kehrt zu neuem Dasein wieder. Sie nährt sich, indem sie mit den Wurzeln die vom Wasser gelösten Mineralsalze der Erde aufnimmt und mit den Blättern die Kohlensäure aus der Luft einzieht und Sauerstoff ausatmet.

Sie kann sich wohl fühlen und krank, sie ist für Liebe empfänglich wie Tier und Mensch; bei guter Pflege gedeiht sie, bei unachtsamer, liebloser Behandlung geht sie ein.

Wohl ist die Pflanze ortsgebundener als Mensch und Tier; aber Zeitlupenaufnahmen zeigen uns, daß die Bewegungen der Pflanze sehr zahlreich sind, wenn sie auch unendlich langsam vor sich gehen.

Zudem gibt es zwischen Tier- und Pflanzenreich Übergangsformen, Pflanzentiere wie Korallen, Meerschwämme und andere, die äußerlich Pflanzen, wegen ihrer Fortbewegung aber als Tiere anzusprechen sind.

Auf jeden Fall sind die Pflanzen empfindungsfähige Wesen, wenn auch auf einer weit niedrigeren Bewußtseinsstufe als Tiere und Menschen, so daß der Vergleich mit diesen nur bis zu einer gewissen Grenze gilt. Das *bewußte* Empfinden von Leid und Freude fehlt ihnen, auch das Bewußtsein ihrer selbst; dafür aber spricht durch sie für den Weisen um so vernehmlicher der Geist der Natur in seiner ganzen Ursprünglichkeit.

Auf jeden Fall wollen wir die Pflanzen schützen und schonen, soweit dies möglich ist, und nicht sinnlos zerstören, was sich mit vieler Mühe eine Form geschaffen hat.

Es ist stets das untrügliche Kennzeichen eines minderwertigen Charakters, wenn ein Mensch gegen die Natur rücksichtslos ist. Solchen Menschen kann *Bismarck* ein Vorbild sein, der aus dem Gefühl der Allverbundenheit alles Seienden die Bäume liebte und sie schonte, wo er konnte.

In seinen »Gedanken und Erinnerungen« sagt er über seinen Nachfolger, Caprivi, einmal: »Ich kann nicht leugnen, daß mein Vertrauen in den Charakter meines Nachfolgers einen Stoß erlitten hat, seitdem ich weiß, daß er die uralten Bäume auf der Gartenseite seiner Wohnung, also meiner früheren Wohnung, hat abhauen lassen. Ich würde Herrn von Caprivi manche politische Meinungsverschiedenheit eher nachsehen als diese ruchlose Zerstörung uralter Bäume.«

Immer standen die Großen der Menschheit den Blumen und Bäumen näher als der Alltagsmensch. *Jesus* wählte aus tiefer Naturverbundenheit heraus das anschauliche Gleichnis von den Lilien auf dem Felde. Und ein nordischer Dichterphilosoph, *Strindberg*, hat in einer seiner Arbeiten gezeigt, wie weitgehend das Innere einer Walnuß in allen Teilen den Aufbau des menschlichen Gehirns nachahmt — eine Übereinstimmung, die bei der mikroskopischen Untersuchung sich als noch weitergehend herausstellt, so daß Strindberg zu dem Schluß kommt, daß hier im Morphologischen eine nahezu vollkommene Gleichheit besteht.

Solcher Übereinstimmungen gibt es in der Natur so viele, daß man schon seelisch blind sein muß, um sie zu übersehen.

Um nun dem Geist der Natur durch die Betrachtung eines seiner zahllosen Wunder — einer bescheidenen Blume — nahe zu kommen, muß man fähig sein, sich mit einer Blume im Geiste kontemplativ zu verschmelzen und sie innerlich ganz zu begreifen.

Wenn uns das ganze Wunder der unbefleckten Schönheit eines Blümleins aufgeht, wird uns zugleich das Verständnis der Schönheit Gottes.

Wenn ich auf eine liebliche Blume vor mir schaue, dann erkenne und fühle ich mich *eins* mit all der Liebe und Güte, deren sichtbares Sinnbild die Blume ist — jener Liebe, die das Herz der Gottheit seit unermeßlichen Zeitaltern verstrahlt.

Schon ehe die Welt entstand, ruhte das Urbild der unbeschreiblichen Schönheit dieser kleinen Blume im Schöpfergeiste der Gottheit, wo es ewig weilt.

Jeden Morgen, wenn ich unser Gewächshaus betrete, das meine Frau mit rührender Fürsorge betreut, empfinde ich beglückt von neuem, wie mich die lieblichen Blumengeschwister ringsum freudig begrüßen und mein Herz mit ihrem beseelten Lächeln berühren.

Und wenn ich dann in ihrer Mitte stehe, fühle ich dankerfüllt ihre sympathischen Ausstrahlungen, spüre, wie ihre Liebe sich als ätherischer Duft verströmt, und habe das Bewußtsein, dem Himmel nahe zu sein.

Ich sehe mich von den strahlenden Blicken der Blumen umgeben, und alle diese Offenbarungen der Schönheit des Geistes der Natur senken sich tief in mein Herz.

In diesem Augenblick wird in meiner Seele das Bild lebendig, das der dänische Dichter Sophus *Michaelis* in seinem »Himmelsschiff« von der hohen Kultur der Bewohner eines fernen Sterns entwarf, deren erhabene Religion in der schweigenden Anbetung der Blumen gipfelt und deren Heiligtum aus nichts als blühenden Pflanzen besteht — eine alle Regenbogenfarben widerspiegelnde Blumenpyramide, auf der zuoberst eine große amethystfarbene Lebensblume wächst, deren Schale das herabfließende Himmelslicht auffängt.

In den Anblick dieser Schönheit versunken, erleben diese fortgeschrittenen Wesen den Geist des Alls: die Gottheit — wie einen Duft, der von den Blumen anbetend in den Himmelsraum hinausgehaucht wird und sich von dorther wieder auf alles Lebendige segnend herabsenkt.

Was dem Erdplaneten das Kreuz ist, ist den Bewohnern dieses Sterns die blühende Blume: sichtbares Sinnbild der all-liebenden Gottheit.

Ja, die hingebende Versenkung in die Schönheit der Blumen gebiert Wunder: Es ist, als beginnen die Lebenskräfte in uns selber auf- und abzusteigen wie in den zarten Stengeln und Blättern einer Blume, als wären wir selbst eine Blume, die ihre schönste Blüte zu entfalten beginnt.

Wir fühlen in diesem Augenblick, wie wahr der Dichter spricht: »Nichts ist so heilig wie das stille Leben der Pflanze, nichts so göttlich wie der ätherische Duft und die zarte Schönheit der Blume. Alles wächst, alles verzweigt und entfaltet sich, um schließlich in einem seligen Aushauch seines Duftes zum Himmlischen hin zu ersterben. Die Blume selbst gibt die Richtung an: kein Humusboden kann sie gefangen halten; lichtwärts steigt sie, sonnenwärts weist sie ihr Trieb — aufwärts führt des Lebens zielsicheres Wachstum.«

Einheit des Lebens

Was der Dichter beim Anblick der Blumen empfand, fühle ich hier unter meinen Blumengeschwistern: die große Einheit alles Lebendigen mit dem Ewigen.

»Sind die große und die kleine Welt nicht gleich endlos? Und ist beider Mittelpunkt nicht mein eigen Herz? Ja, alles strömt von meinem klopfenden Herzen aus und alles kehrt dahin zurück. Die Quelle des Universums ruht in mir selbst.

Reichte der liebende Umkreis meines strömenden Blutes nicht weiter als bis zur Haut um meinen eigenen Körper, dann wäre ich weniger als ein Tier. Erreicht er die äußere Sonne, dann fühle ich meine Gemeinschaft mit Gott. Und pulst er nicht in allem Lebendigen wie in mir dem Ewigen entgegen? Wo also soll ich Gottes Ausgangspunkt suchen, wenn nicht in mir selbst!

Gott ist das Gute, das in mir lebt. Ich bin ein Blutkügelchen in seinem ewigen Liebeskreislauf; eine Zelle in seinem allumspannenden Leibe, ein beseeltes Atom in seinem All-Leben. Und bin glücklich in diesem Bewußtsein meines lebendigen Mitschöpfertums und meiner Bruderschaft mit den Wesen, die gleich mir schon beseligt ihre Einheit mit dem

Ewigen erfuhren, aber auch mit jenen, die noch traumumfangen im Dunkel des Nichtwissens schlummern.«

Und ich fühle, wie »jede Blume im Aushauch ihres Duftes ihre Seele verströmt, und daß man darum keine Blume unnötig brechen und aus ihrer Gemeinschaft herausreißen sollte; ist es doch der Ewige selbst, der sich im Duft der Blume offenbart wie im Schweigen des Waldes und im Kreislauf der Gestirne . . .«

Die Blüte empfinde ich als das der Welt zugewandte Antlitz der Blume, in dem sich ihre Seele spiegelt. In ihren Farben und ihrem Duft äußert sich der Archäus, die Seele der lieblichen Blumenkinder, deren jedes ein so feines Kunstwerk ist, daß kein Künstler auf Erden etwas ähnliches zuwege brächte.

Jede Blume hat ihren eigenen Liebreiz, ihre besondere Schönheit, und jede führt mich näher zum Herzen Gottes hin. Wenn ich ihre keusche Lieblichkeit und ihren Duft zu mir sprechen lasse, erwacht in mir mühelos ein tieferes und umfassenderes Verstehen der unendlichen Vollkommenheit und Schönheit des Ewigen.

Es gibt nichts Böses, raunen die Blumen mir zu. Blicke auf uns, scheinen sie zu sagen, und Du wirst begreifen, daß es nur eines gibt: die unendliche Macht des Guten. Es gibt keine Übel, sondern nur ewige Vervollkommnung, ein unaufhörliches Höhersteigen zum Ewigen.

Und wenn ich abermals ihre vollendete Pracht anschaue, wird mir zur Gewißheit, daß Gott weder Elend noch Übel, weder Krankheit noch Not oder sonst etwas Ungutes sein oder schaffen kann.

Unser Leben braucht nicht jenes unerfreuliche Etwas zu sein, als das es den meisten erscheint. Seine Grausamkeiten, Nöte und Tragödien haben nichts zu tun mit der göttlichen Idee, die allem Leben und Geschehen zugrunde liegt, sondern sind nur Zeichen dafür, wie weit wir uns vom Ewigen entfernt haben.

Blicken wir auf die Blumen, um, von ihnen lernend, das Wesen des Geistes der Natur, die ungetrübte Heiterkeit, die kraftvolle Ruhe und den stillen Frieden des Ewigen vollkommener zu begreifen! Schauen wir den Blumen ins Antlitz, und wir erkennen, daß sie Boten des Ewigen sind.

Und der praktische Gewinn von alledem für unser tägliches Leben?

Wenn schon einer Blume ein Gedanke Gottes zugrunde liegt, wenn schon hier der Geist der Natur in immer umfassenderer Liebe zum Ausdruck kommt, dann hat *in uns* der gleiche Prozeß der Entfaltung des Göttlichen statt, der seinen Ausdruck in der fortschreitenden Vervollkommnung unseres Wesens, unserer Schönheit, unseres Charakters und unseres ganzen inneren und äußeren Lebens sucht und findet.

Im Schöpferbewußtsein des Ewigen lebt bereits das vollendete Urbild, nach welchem und aus dem heraus wir uns entfalten — das Idealbild, auf dessen vollkommene Verwirklichung hin wir angelegt sind und zu dem wir hingelangen werden.

Wir brauchen darum nur das bewußt zu tun, was die Blumen unbewußt tun: dem Göttlichen in uns und über uns zuzustreben und uns in all unserem Denken, Wollen und Tun immer von neuem auf das Zentrum des All-Guten auszurichten, um immer mehr göttliche Kraft aus uns zu entfalten und immer mehr Harmonie, Freude und Glück in unser Leben hineinzutragen.

Die Gottheit ist mehr als nur eine blinde Kraft, die nach Selbstoffenbarung und Bewußtwerdung in der Natur und im Menschen strebt. Sie ist nicht nur immanent — uns innewohnend —, sondern zugleich transzendent — über uns und die Sinnenwelt hinausragend.

Worte sind hier nutzlos, denn wir können das Unbeschreibliche nicht beschreiben, das Unbegreifliche nicht begreifen; wohl aber können wir es ergreifen, indem wir uns von ihm berühren lassen, sei es durch den Anblick der Schönheit einer Blume oder eines karmoisinfarbenen Sonnenuntergangs.

Dann steigen wir jedesmal eine Stufe höher empor ins überbewußte Reich unendlicher Vollkommenheit und göttlichen Lichtes, bis wir schließlich dieses Reich in uns selber finden und uns als lebendige Mitwirker des Ewigen erkennen.

Das innere Leben

Eines nach dem andern offenbaren sich die Dinge, die uns an die Welt fesseln, als Trug und Täuschung. Sie glitzern und locken, aber nachdem wir einen hohen Preis für sie bezahlt haben, entdecken wir bald, daß sie wertlos und unnütz sind. Einer nach dem andern zerfallen die materiellen Pfeiler, auf denen wir unsere Hoffnungen und unsere Macht errichten, in Staub, bis wir ohne Stütze und Schutz mutterseelenallein dastehen und einsehen, daß materielle Güter uns niemals zu befriedigen vermögen, daß keine irdische Liebe, keine Gestalt, kein Ding von Dauer ist, daß das Leben selbst kurz ist und daß der Flut des Daseins nur zu bald die Ebbe folgt.

Wenn aber im äußeren Leben alles Wechsel und Vergehen ist, wenn das Leben selbst flüchtig und ohne Bestand ist, wenn am Ende aller Dinge und Hoffnungen der Tod steht — — wo ist dann etwas, was dauerhaft, was wirklich ist und unser Verlangen stillt? Gibt es überhaupt ein Leben, das nicht dahinschwindet?

Ja, ein solches Leben gibt es. Es ist das *innere Leben,* das Leben in Harmonie mit dem Geist der Natur. Den Weg zu diesem Leben offenbart uns die Blume in ihrer Bescheidenheit.

Alles, was mit geistigen Dingen zusammenhängt, erscheint widerspruchsvoll. Um das wirkliche Leben, das innere, zu finden, muß der Sucher sich von dem einzigen Leben lösen, von dem er praktisch etwas weiß, nämlich vom äußeren.

»Wer nicht stirbt, bevor er stirbt, der verdirbt, wenn er stirbt«, sagt der Mystiker. Das heißt: indem wir uns vom äußeren Leben und seinen vergänglichen Nichtigkeiten lösen, gelangen wir zum inneren Leben des Geistes, das von Dauer ist.

... Alles Leben ist voller Wunder. Indes ich schreibe und die Blumen mir zustimmend zuschauen, setzt sich ein Bienchen auf den Briefbogen und folgt dem Geschriebenen, als wollte es den Sinn der schwarzen Linien enträtseln.

Was für ein Wunderwerk ist so eine Biene: wie zart sind ihre feingeäderten einwärts leicht gebogenen Flügel, mit denen sie auf einer Stelle zu schwirren vermag; wie kunstvoll ist ihr dreigeteilter Körper, wie sinnvoll jedes ihrer sechs Beinchen gebaut. Und wie bald muß sie sterben!

... Und dann das Gänseblümchen vor meinen Augen — wie wundersam ist es. Und wie bald beginnt es zu welken! Wundersam? Ja. Aber wo ist das Leben, das nicht dahinwelkt?

Hinter all diesen wechselnden Formen finden wir ein Leben, das bleibt und wiederkehrt. Es ist das Leben des Ewigen. Während Gott, paradoxerweise, der Urquell alles Lebens und darum, in einem gewissen Sinne, alles Leben nichts ist als das Leben Gottes, ist doch das Leben, das vergeht, nicht jenes göttliche Leben, in dessen ewiges Sein alle niederen Formen des Lebens sich verwandeln.

Die Schöpfung ist immerfort in Wandlung begriffen —

und doch steht hinter allen Veränderungen die unvergängliche Idee, unberührt von Zeit und Vergehen. Diese *innere Wirklichkeit ist* es, die wir suchen.

Wir finden nun dieses innere Leben nur dadurch, daß wir die Wiedergeburt aus dem Geiste erleben. Und dazu müssen wir wie die Kinder oder wie die Blumen werden: wir müssen uns von allem äußeren Können und Wissen lösen, von Wahn und Einbildung, von allem Verlangen nach Macht, Besitz und Ruhm, müssen allen Haß und Neid und alle Ichsucht lassen, alles Verlangen, dies zu haben oder jenes zu sein. Wir müssen uns, mit anderen Worten, gänzlich dem Ewigen in uns überlassen.

Wenn wir unser Leben auf solche Weise ›aufgeben‹, uns von ihm lösen, entdecken wir das größere Leben Gottes — das *innere Leben,* das uns allein glücklich macht und das allein ewig ist.

Wir verlieren also in Wirklichkeit nichts, obwohl wir bereit sein müssen, alles aufzugeben. Indem wir alles hingeben, gewinnen wir alles — uns selbst, den ewigen Menschen in uns, der sich aus dem vergänglichen Menschen aufschwingt.

Sehr vieles ließe sich hier über das innere Leben sagen, ohne daß die meisten es begreifen würden. Ich will darum versuchen, das, was gesagt werden muß, so einfach wie möglich darzulegen, damit mir jeder zu folgen vermag.

Durch innere Sammlung und Selbstbesinnung, durch Meditation und Kontemplation und vertrauende Hingabe an das Ewige ist es möglich, mit der unsichtbaren Quelle des Lebens und Seins in Verbindung zu kommen.

Gehen wir diesen Weg nach innen täglich und folgen wir bewußt dem Harmonie-Willen des Unendlichen, dann finden wir zum inneren Leben, zum Reiche Gottes.

Wir brauchen weder okkulte Kenntnisse zu besitzen noch psychische Kräfte zu züchten, brauchen nicht imstande zu sein, unseren Körper zu verlassen und höhere Ebenen aufzusuchen, brauchen weder in Trance zu fallen noch irgendwelche künstlichen Atemübungen durchzuführen, wir brauchen weder in mystische Ekstase zu geraten oder auf Botschaften aus dem Jenseits zu warten, noch brauchen wir unserem Wesen sonst Gewalt anzutun, um zum inneren Leben zu gelangen.

Alles, was wir zu tun haben, ist, der einfachen Botschaft zu folgen, die die Blumen uns übermitteln, jenen Lehren, die unser göttlicher innerer Führer uns im gleichen Sinne durch das innere Wort zuraunt, wenn wir nur unsere Augen und Ohren offenhalten.

Alle komplizierten, seltsamen, esoterischen, okkulten Praktiken und Geheimlehren können beiseite geschoben werden. Sie sind nicht nur unnötig, sondern schädlich, weil sie uns von unserem eigenen Höhenpfad wegführen.

Das innere Leben finden wir durch einfaches Lauschen auf die Stimme Gottes in uns, wobei wir jeden Gedanken und jeden Wunsch, der in uns lebendig wird, vertrauensvoll dem Ewigen in uns unterbreiten und uns von innen her führen lassen.

Durch die *Meditation* nähren und stärken wir den geistigen Teil unseres Wesens. Jedesmal, wenn wir uns in der Stille dem Ewigen zuneigen, ziehen wir Kraft aus der Höhe auf uns herab, bis schließlich der Gott in uns von unserem ganzen Leben Besitz ergreift und die Führung übernimmt.

Durch Meditation und rechtes Handeln rufen wir eine totale Umwandlung unserer selbst und unseres Lebens hervor. Unser Wesen wird von Grund auf erneuert, wir werden ein neuer Mensch, ein vollkommeneres Ebenbild Gottes.

Indem wir uns von Zeit zu Zeit in die Stille zurückziehen, uns den äußeren Dingen entziehen und uns gänzlich dem Ewigen in uns hingeben, gelangen wir in immer innigere Be-

rührung mit der einen Quelle allen Lebens und werden aus dieser Quelle erquickt und mit göttlicher Kraft erfüllt.

Rechtes Denken

Bevor wir das allverbundene Leben — das Leben der Harmonie, Schönheit und Fülle — leben können, müssen wir lernen, vom großkosmischen statt vom klein-menschlichen Standpunkt aus zu denken.

Wir müssen lernen, so zu denken, wie Gott denkt: unpersönlich und selbstlos statt persönlich und selbstisch, ewigkeitsbewußt statt zeitgebunden, universell, ganzheitlich und frei statt in Wahnvorstellungen des Gebunden- und Eingeschränktseins. Das sei kurz erläutert.

Erstens: der Mensch denkt *selbstisch.* Er hält sich für den Mittelpunkt der Welt, um den sich alles drehen muß. Sein erster Gedanke ist ›ich‹ und ›mein‹. Er kämpft und opfert sich für seine Lieben, weil sie sein Besitz sind, Teile seines ›Ich‹ und ›Mein‹.

Bei allem, was er unternimmt, überlegt er zuerst: »Was habe ich davon? Wie kriege ich es?« und er glaubt, seine Ziele am raschesten dadurch zu erreichen, daß er andere daran hindert, dorthin zu gelangen. Wenn andere dabei zu kurz kommen, ist das bedauernswert, aber nicht zu ändern. Jeder muß für sich selbst sorgen. Das war immer so und wird immer so bleiben . . .

Obwohl der Mensch wähnt, daß er, so denkend, seinem Vorteil diene, ist das Gegenteil der Fall.

Das Universum ist ein wunderbares Ganzes und der Mensch ein lebendiger Teil desselben. Dadurch, daß er sich für etwas für sich Bestehendes hält, trennt er sich in Gedanken vom Ganzen, stellt sich außerhalb der Harmonie des Ganzen und entfernt sich vom Ewigen. Die unvermeidliche Folge ist wachsende Disharmonie, zunehmende Mühe und Qual.

Er fürchtet, daß er, würde er selbstlos und universell denken, den kürzeren ziehen müsse. Dabei ist das Gegenteil wahr. Nur scheinbar verliert er etwas; in Wirklichkeit gewinnt er alles, weil er das verlorene Reich der Harmonie zurückgewinnt. Das allverbundene Leben hebt an, das innere Freiheit, Glück und Freude, Gesundheit und Reichsein mit sich bringt.

Je mehr der Mensch über sich selbst hinaus und ins Ganze hineinwächst, desto harmonischer und glückreicher wird sein Leben.

Zweitens: der Mensch denkt *zeitgebunden,* während der Gott in ihm ewigkeitsbewußt denkt.

Wenn Raum und Zeit auch bloße Bewußtseinszustände sind, muß der Mensch doch diese Zustände durchschreiten, von denen er mehr oder minder beeinflußt wird. Wenn er trotzdem das allverbundene Leben uneingeschränkter Freiheit und unausschöpfbarer Fülle führen will, muß er lernen, mitten in der Zeitlichkeit ewigkeitsbewußt zu denken, im Lichte des Unendlichen zu leben.

In den, der so handelt, zieht eine Kraft und eine Ruhe ein, die auf keine andere Weise erlangbar ist. Sorgen und Nöte, Ungerechtigkeiten und Verluste werden unbedeutend im Lichte ewigen Seins. Und wie ärmlich erscheinen irdische Ehren und Auszeichnungen, Prunk und Glanz im Lichte der Unendlichkeit, und wie bedeutungslos der unvermeidliche Verlust dieser Scheinwerte!

Denken wir ewigkeitsbewußt, dann werden uns höhere Freuden zuteil, die kein Vergehen berührt.

Drittens: der Mensch denkt in Wahnvorstellungen des *Gebunden- und Eingeschränktseins.* Dabei ist er in Wirklichkeit, seinem wahren Wesen nach, als Kind des Ewigen, weder gebunden noch begrenzt. Er scheint nur eingeengt, weil er sich schwach und gefesselt fühlt.

Alle Begrenzung ist eine bloß gedankliche, eine Einengung des Bewußtseins. In Wirklichkeit gibt es keine Grenzen für den zu sich selbst erwachten Menschen.

Das Universum ist geistiger Natur, und aus dem Geist-Stoff des Alls schaffen wir unaufhörlich um uns herum all das, was wir vorwiegend denken. Glauben wir an Mangel und Armut und verhalten wir uns diesen Falschgedanken entsprechend, dann schaffen wir Verhältnisse, die diesen Vorstellungen gemäß sind.

Der Gott in uns dagegen denkt in Begriffen grenzenloser *Freiheit;* und wenn wir es ihm gleichtun, erkennen wir bald, daß die selbstgeschaffenen Schranken fallen und die Schönheiten und Reichtümer der ganzen Welt darauf warten, uns zu dienen und uns zu beglücken.

Indem wir ganzheitlich denken lernen, werden wir frei und fähig, einzutreten in das allverbundene Leben der Fülle.

Das Reich des All-Lebens ist ewig und unveränderlich. Wissenschaft und Theologie wandeln sich von Jahrhundert zu Jahrhundert; aber die Wirklichkeit ist stets die gleiche. Heute wie in den frühesten Zeiten vermögen wir mit dem inneren Reich der Wirklichkeit in Verbindung zu kommen, Gott in uns zu finden und uns mit ihm zu vereinen. Das Wesentliche bleibt ewig sich selber gleich; nur das Unwesentliche ist in immerwährender Wandlung . . .

Die Erde ist die gleiche geblieben, ob nun die Menschen sie für eine flache Scheibe hielten oder einsahen, daß sie ein gewaltiger Ball ist. Was sich änderte, war nicht die Erde, sondern das Bild, das die Menschen sich von ihr machten.

So sind auch die äußeren Formen der Religionen bedeutungslos — und nur über diese streiten die Unweisen maß- und sinnlos —, wesentlich ist nur der innere Kern der Religion, die Glaubenserfahrung. Dieser Kern ist das Erleben des Einsseins mit dem Göttlichen, zu dem die Seele auf den verschiedensten Wegen finden kann. Nicht diese Wege sind das Entscheidende, sondern das Ziel. Der Wege sind unzählige; Gott aber, aller Wege Ziel, ist nur Einer.

Noch ein weiterer Irrtum über das Wesen des Einsseins mit dem Ewigen muß hier beseitigt werden: manche fürchten, daß sie in der Vereinigung mit dem Göttlichen das Bewußtsein ihrer Persönlichkeit aufgeben oder verlieren.

Sie wähnen, daß die Wiedervereinigung — die religio — dem Zurückfallen eines Tropfens ins Weltmeer gleiche: der Tropfen wird vom Ozean verschlungen und verliert jedes Eigensein.

In Wirklichkeit geschieht nichts derartiges, wenn der Mensch sich mit dem Göttlichen eint: das Bewußtsein verliert sich nicht, es erweitert sich. Sehr anschaulich hat ein Lebensweiser diesen Vorgang erläutert:

»In der unio mystica erfolgt weder ein Verlust der Persönlichkeit noch eine Aufgabe des Selbstes. Das Selbst löst sich nicht im Absoluten auf, etwa wie ein Salzkorn im Wasser. Das Selbst bleibt; aber es ist jetzt ein Selbst, das sich seiner Gott-Einheit bewußt ist, das weiß, daß sein Leben Gottes Leben ist, das gewillt ist, den Willen des Ewigen zu erfüllen; es ist ein Selbst, das sich seiner zwei Gesichter bewußt ward: des zeitlichen und des ewigen.

Es fühlt, daß es einem Ozean lebendiger Bewußtheit angehört, daß es gewissermaßen eine Bucht dieses Ozeans bildet: auf der Landseite hat diese Bucht des unendlichen Ozeans ihr besonders geformtes Ufer, ihren eigenen Strand, aber auf der Seeseite öffnet sie sich dem unendlichen Meer und nimmt teil an seinen Strömungen und Gezeiten. Wenn die Flut vom Meer her in die Bucht strömt, werden alle Sandbänke und niederen Stellen des Ufers von den Wassern des Meeres überschwemmt. Die Bucht ist im Meer und das Meer ist in der Bucht.«

Gleichermaßen sind wir in Gott und Gott ist in uns. Glücklich der, der dieser Wahrheit inne wird!

Inspiration und Intuition

Auch von einer anderen Seite her wollen wir uns der Harmonie mit dem Geist der Natur zu nähern versuchen.

Unser Wachbewußtsein schöpft sein Wissen aus den täuschungsreichen Wahrnehmungen der Sinne, aus Büchern, aus eigenen und fremden Erfahrungen. Es besitzt weder Einsicht noch Genialität. Denn diese Kräfte und Fähigkeiten kommen aus der Tiefe.

Im Tiefenbewußtsein hingegen schlummern Energien und Anlagen, von denen erst der kleinste Teil zur Entfaltung gebracht worden ist.

Eine dieser Kräfte ist die *Inspiration,* deren wir uns täglich bedienen könnten, wenn wir lernen würden, täglich in die Stille zu gehen und diese Kraft unmittelbaren Wissens zum Fließen zu bringen. Wer sich auf diese Weise von innen her unterweisen läßt, geht den Weg, den die Großen aller Zeiten gingen.

Emerson pflegte in den Wald zu gehen und der Stimme der Bäume zu lauschen; andern wird das leise Wispern der Blumen zur Offenbarung und zum Mittler der in ihnen schlummernden Weisheit; wieder andere brauchen nichts als einen ruhigen Raum, um die innere Stimme zu vernehmen.

Weiter besitzen wir die Kraft der *Intuition*, der unmittelbaren Wahrheitsschau, die gleichfalls der Entfaltung fähig ist und uns wertvolle Dienste leisten kann. Es erfordert allerdings Zeit und Geduld, um diese Kraft zu entfalten und zu schöpferischem Wirken zu bringen; ist sie aber einmal freigelegt und zum Fließen gebracht, dann ist der Mensch in ständiger Verbindung mit den Tiefen der All-Weisheit.

Auch alles Schöpfertum, alle Ursprünglichkeit kommt von innen. Das Wachbewußtsein vermag Originalleistungen höchstens zu kopieren und eine Wahrheit durch Ableitung von schon bekannten Tatsachen zu ermitteln; wahres Schöpfertum aber ist ein Geschenk des Gottes in uns.

Wer der Menschheit etwas Neues brachte, tat es, weil er von innen her getrieben und geführt ward. Wir sind alle Werkzeuge, mit deren Hilfe der Geist der Natur seine Ziele verfolgt. Indem wir nach innen blicken und uns dem göttlichen Kern unseres Wesens zuneigen, lernen wir aufbauend zu denken und werden Schöpfer im Kleinen, wie es der Geist der Natur im Großen ist.

Wer sich im Alltag gewohnheitsmäßig der höheren Kräfte seines Inneren bedient, der vermag, indem er eine Frage seinem Innern vorlegt, für jede Schwierigkeit die rechte Lösung zu finden.

Von *Lincoln*, einem Giganten unter den Menschen seiner Zeit, wird berichtet, daß er ein Problem, dem er sich gegenübergestellt sah und dessen Lösung ihm schwierig schien, aus seinem Bewußtsein entfernte, indem er sich auf andere Dinge konzentrierte. Wenn er dann nach einiger Zeit auf die Frage zurückkam, war das Problem bereits von seinem inneren Berater gelöst und die Antwort wartete schon auf ihn.

Viele Geschäftsleute pflegen, wenn sie unvermutet einer Schwierigkeit gegenüberstehen, die unlösbar scheint, grundsätzlich keine Entscheidung zu treffen, bevor sie die Frage nicht ›überschlafen‹ haben. Unwillkürlich lassen sie den Ewigen in ihnen das Problem über Nacht an ihrer Stelle lösen.

Die Intuition wird mit Recht als der kosmische Sinn bezeichnet oder als die Stimme Gottes in der Seele. Ohne sie ist der Mensch nur ein intelligentes Tier; ist sie in ihm tätig, weiß er sich der Urmacht lebendig verbunden. Je höher sich die Seele entwickelt, desto vollkommener entfaltet sich die Kraft der Intuition.

Wir können somit nichts Besseres tun, als uns von unserer natürlichen Intuition leiten zu lassen. Wir gelangen dann zu Erkenntnissen, die uns durch die dunklen Stunden des Daseins leiten, ohne daß die Finsternisse uns zu berühren vermögen.

Wenn wir, unserer Intuition folgend, über das Wesen Gottes, des Geistes der Natur, nachsinnen, dann schreiten wir etwa in dieser Weise vom Ahnen zum Erkennen fort:

Auf der ersten Stufe bejahen wir: Gott ist. Ein wenig später erkennen wir: es gibt nur einen Gott. Folglich ist Gott der Schöpfer aller Dinge. Da alles gottgeboren ist, ist Gott alles, was ist.

Auf der zweiten Stufe bejahen wir: Gott ist die Liebe; Gott ist alles in allem. Darum ist alles, was ist, Offenbarung der Liebe.

Hieraus wieder entfließt die weitere Einsicht: Gott ist gut. Darum ist alles, was ist, gut. Gott ist die Allweisheit. Darum ist alles, was geschieht, Offenbarung und Frucht höchster Weisheit.

Aus dieser Erkenntnis wiederum, daß alles im Leben gut, alles Offenbarung der Liebe, alles Frucht höchster Weisheit ist, folgt, daß keine der Erfahrungen des Lebens übel und ungut sein kann, sondern nur Äußerung der All-Liebe und All-Weisheit und darum *gut.*

Betrachten wir alles, was an uns herantritt, von diesem Standpunkt — dem Standpunkt der Wahrheit — und richten wir zugleich unser Handeln danach ein, dann offenbaren uns alle Geschehnisse immer deutlicher ihren verborgenen Segen.

Die Folge dieser Neueinstellung zum Leben ist die, daß die Kraft der Intuition immer lebendiger in uns aufflammt. Nun wird es uns noch offenbarer, daß alles, was uns trifft, unserem Besten dient. Die Form, in der es sich uns nähert, braucht uns nicht zu bekümmern; entscheidend ist, daß es uns hilft, immer vollkommener und reicher zu werden.

Geist der Liebe

Je mehr wir solchermaßen der Wahrheit inne werden, desto sichtbarer wird die Liebe zur herrschenden Macht unseres Lebens. Im gleichen Maße, wie wir innerlich neue Menschen werden, werden auch unsere Verhältnisse neue und bessere.

Jede Bejahung des Guten und seiner Macht läßt die Nebel des Irrtums dünner werden, der die Wahrheit unseren Augen verbarg. Wird endlich die Wahrheit offenbar, dann ist unsere Seele voll Licht und nichts Niederes vermag mehr in ihrem Umkreis zu bestehen.

Es ist unmöglich, den hier gezeigten Weg einzuschlagen, ohne in wenigen Jahren ein neuer und größerer Mensch zu werden! Tausende haben das bereits erfahren und bewiesen. Sie haben sich von Furcht und Sorge frei gemacht. Keine Macht der Welt kann Dich hindern, den gleichen Höhenweg zu beschreiten und ein ebenso freier, glücklicher und reicher Mensch zu werden! — —

Abermals mögen die Blumen uns künden, was wir zu tun haben, um den Pfad erfolgreich zu ersteigen:

»Laßt Euch vom gleichen Geiste beseelen, der auch uns ins Leben rief — vom Geist der *Liebe.* Soweit die Liebe Euch beseelt, seid Ihr wahrhaft Kinder des Ewigen. Und soweit wird Euer Leben zu einem beglückenden Spiegelbild Eurer wiedergefundenen inneren Einheit mit dem Ewigen.

Ihr denkt richtig, wenn Euer ganzes Trachten auf das Gutsein und Guttun gerichtet ist, was kann daraus anderes entstehen als wachsendes Glück, Freude, Gesundheit und Harmonie. Nur auf diesem Wege kommt der Friede in die Welt, und Ihr Menschen seid bestimmt, den Frieden, den Ihr selbst zerstört, wieder herzustellen.«

Recht verstanden, ist die Botschaft der Blumen vom Reich der Harmonie eine Kündung des Weges, der zu diesem Reich und damit zum Geist der Natur zurückführt . . .:

»Der Geist der Natur ist der Geist der Liebe. Als solchen beten wir Blumen ihn an. Und auch der Mensch sollte Gott als den Geist der Liebe verehren und sich in seinem Denken und Tun ausschließlich von diesem Geiste leiten lassen. Tut er es, wird er von Tag zu Tag reicher und ein Beglücker der Geschöpfe seiner Umwelt.«

Was alle Wesen suchen, ist die Harmonie mit dem Unendlichen, die Gottvereinung. Nichts geringeres als die Erfüllung dieses Sehnens vermag die Wesen je zu befriedigen. Die Herzen der Wesen finden keine Ruhe, bevor sie nicht im Herzen Gottes ruhen.

Nur wenn wir in Gott sind und Gott in uns ist, sind wir befreit von jedem Streit. Zu diesem Hochziel weist uns die Liebe. Darum ist die Liebe der Schlüssel zu allen Reichtümern des Lebens. Wenn wir Frieden finden wollen und Stillung all unseres Sehnens, müssen wir den Weg der Liebe gehen.

Dieser Weg der Liebe ist so einfach, daß jeder ihn gehen und auf ihm zur Fülle finden kann. Niemand ist von diesem Wege ausgeschlossen.

Aber die bloße Anerkennung der Liebe genügt nicht. Wer zur Fülle gelangen will, muß eine strahlende Sonne der Liebe werden, muß Liebe geben, um maßloses Glück zu empfangen.

III. DAS HERZ GOTTES

»Wie die zarten Blumen willig sich entfalten
und der Sonne stille halten,
laß mich so still und froh
Deine Strahlen fassen
und Dich wirken lassen!«

Tersteegen.

Obwohl es bereits Dezember ist, schreite ich, ohne Hut und Mantel und in Sommerkleidern, durch meinen Garten und bewundere die Blumen. Hier, im südlichsten Teile meines Vaterlandes, haben wir das ganze Jahr hindurch Blumen, und selbst, wenn einmal kaltes Wetter hereinbricht, erfreuen uns die Blumen in unserem Treib- und Gewächshaus, das weder Öfen noch Heißwasserheizung braucht. So kommt es, daß meine anmutigen Blumengeschwister das ganze Jahr hindurch um mich sind.

Während ich schreibe, steht eine Schale mit Blumen vor mir, und jedes Blumengesichtchen blickt mich froh und strahlend an. Und ringsum in meinem Arbeitszimmer stehen Topfpflanzen und Blumen aller Art, in der Nähe des Fensters hat ein blühendes Eiskraut es sich bequem gemacht mit wunderbaren karmoisinroten Blüten.

Mein Leben ist in jeder Weise gesegnet. Ich bin von lauter Liebe umgeben; denn alle die Blumen ringsum sind Beweise und Offenbarungen göttlicher Liebe.

Wenn ich meinen Blick auf sie richte, erfüllt die Liebe mein Herz und durchzittert meine Seele. Und diese Liebe ist die Liebe Gottes.

Blumen sind Kinder der Liebe, dem unendlichen Herzen der Gottheit entsprungen. In diesem gewaltigen pulsenden

Zentrum der Liebe sind sie geboren, von hier aus haben sie sich nach dem Willen des Schöpfergeistes in den groben Stoff der sichtbaren Welt eingesenkt und sich aus ihm heraus — als liebende Führer und Lehrer der Menschen — in ihrer vielgestaltigen Schönheit und bunten Pracht entfaltet.

Wenn ich ihre unbeschreibliche Anmut selbstvergessen auf mich einwirken lasse, wird ein höheres Weistum in mir wach und ein Strom göttlicher Liebe durchpulst meine Seele. Diese lieben kleinen Blumen sind wahrhaft Boten und Mittler zwischen Himmel und Erde; sie bringen mein Herz in fühlbare Verbindung mit dem all-liebenden Herzen der Gottheit.

Es heißt mit Recht, daß man den wirklichen Charakter eines Verfassers aus seinen Schriften erkennen kann. Er mag im Alltagsleben zeitweise mißgelaunt, oberflächlich oder langweilig scheinen; aber das ist nur der äußere Mensch. Wie sein innerer Mensch beschaffen ist, offenbart sich unverkennbar in seinen Werken.

Aus diesem Grunde enttäuschen große Schriftsteller oft bei flüchtigem Kennenlernen. Wir haben ihre Bücher gelesen und uns daraus ein bestimmtes Bild ihres Wesens gemacht, das nun so ganz verschieden ist von dem, was wir kennen lernen. Das kann aber gar nicht anders sein, weil ihr wesentlicher Mensch selten auf der Oberfläche liegt. Ihren wirklichen Charakter zeigen sie in ihren Werken.

Bei der Gottheit ist es nicht anders. Die Gottheit als bloßer Begriff, Gott, wie er in den Haufen von Büchern erscheint, die über ihn geschrieben worden sind, berührt uns nicht, spricht nicht zu unserem Herzen, weil alle diese äußerlichen Darstellungen Gottes uns nicht mit dem pulsenden Herzen des Ewigen und seiner allumfassenden Liebe verbinden.

Aber wenn wir auf eines seiner Werke schauen, wenn wir eine *Blume* betrachten und ihre Botschaft von der unsterblichen Liebe des Ewigen vernehmen, spüren wir das Pulsen des Herzens Gottes, werden seiner Liebe und Güte inne und werden in diesem Erleben verwandelt, wie in der Tat jeder verwandelt wird, der mit höheren Kräften in lebendige Berührung kommt.

Du wirst vielleicht fragen, woher ich denn weiß, daß die Blumen Botschafter göttlicher Liebe sind. Ich habe darauf folgendes zu antworten:

Erstens weiß ich, daß Blumen für Liebe empfänglich sind. Streit und Disharmonie im Hause beeinflußt sie nachteilig und bringt sie zum Verkümmern, während die harmonische Kraft der Liebe die Pflanze antreibt, eine Fülle von Blüten zu entfalten.

Die zwiespältigen Schwingungen der Unzufriedenheit und Reizbarkeit, der Ich- oder Streitsucht oder auch nur einer verdrängten Mißstimmung, die äußerlich überwunden scheint, aber im Herzen weiterschwelt, ebenso der Nörgelsucht oder unfreundlicher, rachsüchtiger Gefühle entmutigen Deine Blumen und trotz aller ihrer Anstrengungen, ihre Schönheit zu entfalten, werden die Ergebnisse nur bescheidene sein.

Wenn dagegen Liebe und Harmonie in Deinem Herzen, Deinem Heim und Deinem Leben herrschen, wenn Dein Dasein ein ständiger Lobgesang der Güte des Ewigen ist und Deine Blumen mit liebevoller Fürsorge gepflegt werden, dann werden sie sichtbar darauf reagieren und miteinander wetteifern in ihrem Bemühen, der unendlichen Liebe des Ewigen in ihrer Blütenpracht sichtbar Ausdruck zu geben.

Ja, die Blumen antworten auf jeden Gedanken, jede Regung der Liebe. Seitdem die Harmonie die oberste Richtschnur in meinem Leben ist, seitdem Disharmonien überwacht werden und ungutes Denken solchen Denkgewohnheiten Platz gemacht hat, die mit dem Liebeswillen der Gottheit übereinstimmen, blühen die Pflanzen um mich herum wie nie zuvor; selbst jene, die seit Jahren nicht geblüht haben, sind mit Blüten übersät.

Blumen sind für Liebe empfänglich: sie blühen reicher und entfalten schönere Blüten, wenn jemand sie pflegt, der sie von Herzen gern hat.

Wenn meine Frau die Pflanzen im Gewächshaus versorgte, entfalteten sie ihre herrlichsten Blüten. Wenn der Gärtner nach ihnen schaute, erhielten sie zwar Wasser und Pflege, aber ihnen fehlte sichtbar die Liebe, die sie ebenso notwendig brauchen und die sie jetzt umsorgt: jeder Schößling, jeder Sproß wird sehnsüchtig erwartet, jede kleine Handreichung gegenüber den Blumen ist ein freudiger Liebesdienst, auf den die Blumen durch herrliches Wachstum antworten, eben weil sie Geschöpfe der Liebe Gottes sind. –

Botschafter des Ewigen

Zweitens weiß ich, daß die Blumen Botschafter des Ewigen, Kinder und Künder der Liebe sind.

Wenn ich ihre friedevolle Anmut auf mich wirken lasse, kann ich dann noch an der Liebe des Ewigen zweifeln, aus dem sie wie ich entsprungen sind? Im Anblick ihrer bezaubernden Schönheit wird es mir zur unumstößlichen Gewißheit, daß ihr Planer und Schöpfer die Liebe war. Keine andere Kraft vermöchte solch entzückende Schöpfungen ins Leben zu rufen.

Diese Botschaft der Blumen von der unendlichen Liebe des Ewigen erfüllt mein Herz im Anblick ihrer buntfarbenen Blüten zur Gänze, und ich erkenne, daß die Liebe das ganze All durchpulst und regiert und daß sie auch mein Leben bestimmt. Diese lieblichen Boten des Ewigen sind unmittelbar aus dem Herzen des Allgütigen hervorgegangen und künden mir, daß auch ich dem Ewigen vertrauen darf, der diese erhabenen Sinnbilder höchster Liebe schuf. Sie enthüllen mir die Wahrheit, daß alles Streben des Ewigen von der Liebe bestimmt ist und daß alles, was von Gott kommt, gut ist und heilsam.

Um aber mit dem Herzen Gottes in lebendige Verbindung zu kommen, genügt es nicht, daß wir die Blumen nur ansehen oder sie als etwas Hübsches schätzen. Um ihre Botschaft zu verstehen, müssen wir ihnen geistig näherkommen.

Es ist zweierlei, in einer Blume nur das Schöne zu sehen oder in ihr eine lebendige Offenbarung des Allgütigen zu erblicken. Wir brauchen weder Dichter noch Künstler zu sein, um der Botschaft der Blumen innezuwerden; selbst der nüchternste Alltagsmensch kann Gottes Antlitz in einer Blume schauen, wenn er sie nur liebevoll und lernbereit anblickt.

Wie also müssen wir eine Blume anschauen, um ihre Botschaft zu vernehmen?

Vor allem müssen wir lernen, richtig zu sehen. Gehen wir zu den Blumen und betrachten wir sie sorgfältiger als bisher in allen Einzelheiten. Werden wir uns ihrer auserlesenen Farben bewußt, der Feinheit ihrer Gewebe, der Schönheit ihrer Formen, und lassen wir das bewundernswerte Kunstwerk als Ganzes auf uns wirken, sich mit all seiner Schönheit in unsere Seele einsenken.

Beachten wir die Schlichtheit, die Reinheit, die kindliche Unschuld, die sich in der Blume offenbaren, und lassen wir auch diese auf uns wirken und in unserem Innern lebendig werden.

Und blicken wir alsdann auf die Blume als Ganzes, um zu versuchen, ihrer geistigen Ausstrahlungen innezuwerden.

Tun wir das, dann fühlen wir zunächst nur andeutungsweise, bald aber stärker, wie die Ausströmungen der Blume von unserer Seele aufgefangen und eingesogen werden. Die Blume beginnt sich gewissermaßen zu verwandeln: sie wird ätherischer, zarter, durchscheinender, geistiger, als schimmere ein himmlisches Licht durch ihre zarte Hülle hindurch nach außen.

Halten wir unbewegt still und trinken wir diese geistige Schönheit und Lichtfülle in uns hinein; denn in diesem Augenblick gewahren wir nicht mehr die materielle Blume, sondern erblicken ihr geistiges Urbild, die Blumenseele.

Jetzt schwingen sich unsere Gedanken, vom Blumengeist geleitet, in lichtere Reiche empor, und wir erkennen, daß diese unsagbar herrliche geistige Blume ein Gedanke des Ewigen ist. Wenn aber diese zu liebender Hinneigung zwingende Lichtgestalt ein Gedanke Gottes ist — welch wundersam liebenswerter Geist muß Gott sein und wie allumfassend die Liebe, die seinem Herzen entquillt!

Wenn wir uns des verborgenen Liebreizes eines Blümleins bewußt werden und verstummend vor der Schönheit stehen, die sich in ihm offenbart, dann können wir nicht anders als anbetend bekennen: Wie allumfassend muß das liebende Herz der Gottheit sein, daß es solche Wunder wirkt!

Darum ist die Botschaft jeder Blume eine Verkündung allumfassender Liebe. Sie offenbart die Größe des Herzens der Gottheit. Ihr warmes Licht vertreibt die Nebel des Nichtwissens und des Leides. Sie lehrt uns erkennen, daß der Geist, der diese Schönheiten ins Leben rief, nicht mitleidlos, feindlich und grausam sein kann, sondern der Geist der Liebe ist.

All das unweise Geschwätz über das Wesen Gottes, das

sich durch Tausende von theologischen Werken dahinwälzt und von zahllosen Kanzeln ertönt, und auch das Gespött jener Gottlosen, die ein höheres Wesen leugnen, verweht und verklingt, wenn wir einmal die Botschaft der Blumen von der unendlichen Liebe des Ewigen vernommen haben.

Immer und in all ihren Äußerungen ist die Liebe schön. Sie verklärt das gröbste und häßlichste Gesicht und läßt es in himmlischem Licht erstrahlen. Schönheit und Liebe sind Eigenschaften und Kennzeichen des Göttlichen. Es ist unmöglich, daß Gott etwas schafft, das nicht schön und gut wäre.

Was immer in dieser Welt, in unserer Umgebung unschön ist und unerfreulich, ist Folge und Frucht des unguten und disharmonischen Denkens des Menschen; sein falsches Denken verhäßlicht selbst die Natur und beraubt ihn des Anblicks immer neuer Schönheit. Er hält die Welt für eine düstere Stätte und schreitet blind an den zahllosen Schönheiten des Lebens vorüber.

Würde er dagegen auf die Blumen und Gräser blicken, die Bäume und die Schönheiten der Landschaft, die Wolken und den Sonnenschein, den Mond und die leuchtenden Sterne, dann würde er eine solche Überfülle des Schönen gewahren, daß sie sich weder in einem noch in zwanzig Leben ausschöpfen ließe.

Er würde nicht nur überall Schönheit entdecken, sondern eine Botschaft des Unsichtbaren finden in jedem Ding, das er bewundert.

Denn der, der die Natur mit wachen Augen und verstehendem Herzen in sich aufnimmt, gelangt zum Verständnis des inneren Wesens der Dinge; seine Gedanken werden durchgottet, sein Bewußtsein weitet sich, sein inneres Leben erwacht und enthüllt ihm das unbeschreibliche Wunder der Einheit alles Lebendigen.

Die Seele der Blumen, dieser immer dankbaren und zufriedenen, immer heiteren und liebevollen Kinder und Künder des Ewigen, steht neuerdings im Brennpunkt wissenschaftlichen Interesses. Was einst nur Dichter ahnend aussprachen, wird heute von der Forschung bestätigt. Wenn *Hölderlin* zur Rose spricht,

»Ewig trägt im Mutterschoße, süße Königin der Flur,
Dich und mich die stille, große, all-lebendige Natur.
Röschen! Unser Schmuck veraltet; Sturm entblättert Dich und mich,
doch der ew'ge Keim entfaltet bald zu neuer Blüte sich«,

dann ist das keine bloß dichterische Freiheit, sondern eine Wahrheit.

Kein Geringerer als der schweizerische Gelehrte Professor Alexander *Tschirch* hat es ausgesprochen, daß »die Einheit alles Lebendigen das Vorhandensein einer Seele auch bei der Pflanze fordert, die sich durch ihre biologischen Leistungen an die Spitze der beseelten Wesen der Erde stellt; denn sie ist es, die aus ›Wasser, Feuer, Luft und Erde‹ in einer Synthese von unerhörter Großartigkeit in vollendeter Selbstlosigkeit und Selbstaufopferung die Nahrung für alle übrigen Lebewesen schafft.«

Diese Forderung nach der Anerkennung der Pflanzenseele, sagt der große Botaniker weiter, »wird unterstützt durch den Nachweis zahlloser zielstrebiger Willensakte im Leben der Pflanze. Da diese Willensakte in das Gebiet naturwissenschaftlicher Forschung gehören, gehört auch das Studium der Pflanzenseele in das Gebiet der Naturforschung, auch wenn wir anzunehmen genötigt sind, daß die Pflanzenseele selbst im Unbewußten ruht«.

Es würde zu weit führen, hier alle die einzelnen Beweise

für das zielstrebige, willensbetonte Wirken der Pflanzenseele aufzuzählen, vor allem die Nachweise des Schweizer Gelehrten dafür, daß nicht das Zellplasma, sondern vielmehr die ›*Interzellularsubstanz*‹, also die Substanz zwischen den einzelnen Zellen, die in zusammenhängender Schicht das ganze Innere des Pflanzenkörpers durchzieht, die Funktionen eines *Zentralnervensystems* ausübt und den Kontakt zwischen Körper und Seele der Pflanzen herstellt. Es genügt, wenn wir die Schlüsse, zu denen der Gelehrte gekommen ist, anführen:

»Daß so etwas wie eine Seele in der Pflanze vorhanden sein muß, haben denkende Menschen seit je empfunden. Es ist auch nicht einzusehen, warum sie keine Seele haben sollte, die wir doch den Tieren und Menschen zubilligen — die Pflanze, die, um nur etwas anzuführen, als großer chemischer Synthetiker mit ihren Leistungen auf chemischem Gebiet weit über dem Tier steht und von der auch der Mensch vieles gelernt hat, selbst auf technischem Gebiet.

So mögen denn einige der Leistungen, die die Pflanzenseele durch die Betätigung ihres Willens zustande bringt, einmal hier im Zusammenhang aufgeführt werden.

Da ist zunächst die *Voraussicht* der Pflanze zu erwähnen, die bei verschiedenen Gelegenheiten sichtbar wird. Sehen wir doch, wie die perennierende Pflanze im Herbst das von ihr gebildete und nicht für den Aufbau und die Weiterentwicklung verwandte Material in Reservebehälter schafft und darin niederlegt, um es im folgenden Frühling wieder zu verwenden. Das ist ein Vorgang, der sich physikalisch-chemisch nicht erklären läßt und einen zielstrebigen Willen voraussetzt.

Das gleiche gilt von der Anlage der Blüten, die schon erfolgt, bevor noch die die Befruchtung vermittelnden Insekten geboren sind.

Nicht minder aufschlußreich ist das Verhalten der windenden Stengel. Seitdem wir wissen, daß es sich hier nicht um eine etwa chemisch zu deutende Anlockung handelt, da die Winde auch um tote Zaunstecken oder Draht windet, müssen wir auch hier an eine Willensäußerung der Pflanzenseele denken, wobei es sich um eine ganz im Unbewußten ruhende Seele handelt, die den Grundsätzen der Nützlichkeit und Zweckdienlichkeit folgt, aber eben doch handelt und einen Willen besitzt, der sich den Verhältnissen anzupassen weiß.

Wohl die energischste Willensbetätigung der Pflanzen kommt im positiven Geotropismus der Wurzel zum Ausdruck, da sie in ihm die zentrifugal wirkenden Kräfte überwinden muß. Er ist es, der der Pflanze ihren Charakter gegenüber dem Tier verleiht.

Das allermerkwürdigste aber ist wohl, daß wir auch bei den Pflanzen Individualität und Persönlichkeit ausgebildet finden. Kein Blatt der Linde gleicht dem andern, ja selbst die Blatthälften sind ungleich — wie die Hälften des menschlichen Gesichts. Ich habe viele hundert Blätter daraufhin angesehen und immer dasselbe feststellen können.

Mit diesen Feststellungen wünsche ich, die Seele in das Gebiet der Naturforschung hineinzuholen und, indem ich die Leistungen der Pflanze als Willensäußerungen ihrer Seele charakterisierte, sie abzugrenzen gegen das mechanisch erklärbare Geschehen, sie als den richtunggebenden, zielstrebigen Faktor aufzuzeigen. Die Seele der Pflanze existiert; wir erkennen sie an ihren Leistungen.«

Heute wissen wir, daß *alles Organische beseelt ist.* Wo immer wir im organischen Geschehen sinnvolle Ordnung, Planmäßigkeit, Harmonie und zielstrebige Handlungen feststellen, schließen wir mit Recht auf ihnen zugrundeliegende *steuernde seelische Kräfte.*

Der Blumenfreund weiß darüber hinaus, wie sehr die

Pflanzenseele auf negative und positive Gedankenwellen mit entsprechend verminderter oder erhöhter Wachstumskraft reagiert.

Das ist kein Wunder, wurzelt die Pflanze doch mit dem größeren Teil ihres Wesens genau so im Unsichtbaren wie Tier und Mensch. Verständlich darum, wenn sie in einer Atmosphäre der Disharmonie eingeht, auf fürsorgende Gedanken und liebevolle Pflege hingegen mit erhöhter Fruchtbarkeit, reicherer Blütenpracht, gesteigertem Wohlgeruch und schöneren Früchten antwortet.

Diese Empfänglichkeit der Pflanze für positive, liebevolle Gedanken wurde durch Versuche des indischen Pflanzenphysiologen Chandra *Bose* experimentell erhärtet. Er befaßte sich auch mit den zielhaften und willensbetonten Bewegungen der Pflanze, mit ihren unterschiedlichen Reaktionen auf Schlaf- und Beruhigungsmittel, Alkohol und andere Gifte.

Er stellte fest, daß die Pflanze Lärm und Erschütterungen mit Wachstumshemmungen beantwortet und daß sie auf der anderen Seite, mit einem Wort Morgensterns, »mit ihrer Schönheit und ihrem Duft um unser Verständnis wirbt«.

Allerdings vollziehen sich alle Handlungen der Pflanze ebenso wie ihre Reaktionen auf — die Tiere und Menschen weit tiefer berührenden — Verletzungen, Empfindungen der Krankheit und des Todes auf einer mehr *unbewußten, vegetativen, traumhaft-schmerzfernen Ebene,* wenn es auch hier mancherlei Unbewußtheits-Stufungen geben mag. —

Es ist auf jeden Fall erfreulich, zu sehen, wie führende Vertreter der modernen Naturwissenschaft zu den gleichen Erkenntnissen gelangen, zu denen die Intuition den kosmisch denkenden und naturverbunden fühlenden Menschen geführt hat — jene Intuition, die überall dort aufflammt, wo die Einstellung der Liebe herrscht.

Liebe ist Leben und Haß ist Tod. Können wir da etwas anderes wählen als den Pfad des Lebens? Die Liebe ist der Zauberschlüssel, der die Tore des Himmels, die Schatzkammern der Weisheit öffnet. Wir brauchen nie um Liebe zu bitten, sondern sie nur zu geben, um sie in Fülle zu empfangen. Sie ist das oberste Gesetz des Lebens: von der Weisheit geleitet, regiert sie das Universum.

Jeder Gedanke, jeder Wunsch, jedes Wort und jede Bewegung, die nicht Liebe oder der Liebe entgegengesetzt ist, ruft unweigerlich Unordnung und Häßlichkeit, Unglück und Leid ins Dasein.

»Was der Mensch sät, das wird er auch ernten.« Nichts ist wahrer als dieses: daß die Folgen unseres eigenen Denkens und Tuns über uns kommen, daß wir ihnen nicht zu entgehen vermögen — es sei denn, daß wir uns gänzlich dem Gesetz der Liebe unterwerfen und alle Gedanken und Worte, Wünsche und Taten mit ihr in Einklang bringen.

Wir sagten eben, daß niemand den Folgen seiner Gedanken- und Tatensaat entgeht. So ist es: wenn wir die Saat des Hasses, der Böswilligkeit oder Gleichgültigkeit, der Lieblosigkeit oder Ichsucht oder irgend einer anderen Einstellung, die nicht mit dem Gesetz der Liebe in Harmonie ist, aussäen, muß die Ernte dem notwendig entsprechen.

Wenn ein Bauer anstelle des Getreides Unkraut sät oder auch nur duldet, kann er noch so viel beten — er wird unweigerlich Unkraut ernten. Gleichermaßen ernten wir Disharmonien und Enttäuschungen, solange wir die Saat ichsüchtigen Begehrens dem Ackerboden unseres Bewußtseins anvertrauen.

Wenn wir uns dagegen dem Gesetz der Liebe unterstellen und nur ihr in unserem Denken und Tun Ausdruck geben, einerlei, wohin uns dieses Tun auch führen mag, dann hören wir nicht nur auf, die Saat des Leides zu säen, sondern bewirken darüber hinaus, daß die Gottkräfte der Ordnung und Harmonie sich in unserem Leben und Alltag zu betätigen und zu offenbaren beginnen.

Der sicherste Weg zum Erfolg ist der Weg der Liebe. Es ist der Weg, auf dem die Weisen aller Zeiten uns vorangegangen sind. Wir brauchen nur in ihre Fußstapfen zu treten und dem besonnten Pfad der Liebe und der gegenseitigen Hilfe zu folgen. Die liebende Einstellung ist eine offene Tür, durch die wir in ein reicheres und freieres Leben hineintreten und Schwierigkeiten und Gefahren entgehen.

Wenn wir uns beispielsweise im Umgang mit schwer zu behandelnden Menschen daran gewöhnen, ihnen gute, wohlwollende Gedanken zuzusenden und ihnen stets das Beste zuzudenken und zuzufügen, dann erfahren wir bald, daß die Schwierigkeiten weichen.

Wenn jemand uns ärgert und wir in Gedanken über ihn zu Gericht sitzen, an seinen Fehlern und Unarten herumnörgelnd, wird das Übel und unser Ärger immer größer, so daß nicht nur unser eigenes Leben verdunkelt wird, sondern auch das des andern, den wir für die Ursache unseres Ärgers halten.

Wenn wir dagegen, statt uns vom Unmut übermannen zu lassen, dem andern wohlwollende Gedanken senden, ihn in Gedanken der Liebe einhüllen, ihm von Herzen alles Gute wünschen und uns des weiteren bemühen, die Dinge und das Leben mit seinen Augen und von seinem Gesichtspunkt aus zu sehen, so daß wir für seine Sorgen und Nöte Verständnis bekommen, und wenn wir uns darüber hinaus bemühen, das Gute in ihm zu sehen, den Gott, der auch in ihm ans Licht drängt, dann ist kein Ärger mehr möglich und alle Dinge erhalten ein anderes Gesicht.

Indem wir so denken, helfen wir dem, der uns sonst geärgert hätte, und das ist das größte, was wir tun können: daß wir dem andern helfen, seine schlummernde Kraft und Größe zu entfalten!

Ein anderes Beispiel: stört uns das Gebell eines Hundes, dann wird, wenn wir uns liebend auf den Hund einstellen und mit dem armen Tier fühlen, entweder das Gebell aufhören oder aber, wenn es fortdauert, uns in keiner Weise mehr berühren und stören.

Wenn wir uns auf einen Straßenverkäufer, dessen Geschrei uns belästigt, freundschaftlich einstellen, statt uns durch den Lärm in ärgerliche Stimmung bringen zu lassen, dann hört er im gleichen Augenblick auf, uns zu irritieren.

Wie lästig oder schwierig die Situation auch immer sein mag — die Liebe ist der Zauberschlüssel zu ihrer Lösung und Entwirrung. In rechter Weise entfaltet, macht sie jede Lage augenblicklich erträglich, sie löst jedes Problem, beseitigt jede Schwierigkeit und ruft in jedem Falle die fehlende Harmonie hervor.

Nun haben Menschen, die den Weg der Liebe einschlugen, gefunden, daß es manchmal schwer ist, diesem Weg zu folgen. Das rührt daher, daß sie nichts von der *Macht der Gedanken* wußten oder die Notwendigkeit übersahen, ihre Gedanken so zu erziehen, daß sie von selbst den rechten Weg einschlagen. Sie sagen beispielsweise: »Wie kann ich meine Feinde lieben? Ich schätze sie nicht, es ist mir unmöglich, ihnen gegenüber Wohlwollen zu empfinden.«

Hier muß ich ein Mißverständnis beseitigen: es gilt nicht, die Feinde zu schätzen oder etwa leidenschaftlich zu lieben. Die Liebe, von der hier die Rede ist, ist Güte, Mitgefühl, Nachsicht, Höflichkeit, Rücksichtnahme, Freundlichkeit und der Wille, andern stets ritterlich unser Bestes zu geben. Doch dies nur nebenbei. Was ich hier vor allem zeigen wollte, ist, wie die Macht bejahender Gedanken von uns benutzt werden kann, um unsere Feinde von innen her um stimmen.

Normalerweise werden wir unserem Feinde die gleichen Gedanken und Gefühle entgegenbringen, wie dieser uns. Wir wissen nun aber, daß wir eben dadurch das Übel mehren und die Dinge verschlimmern.

Sagen wir also statt dessen: »Ich bin frei von Gedanken des Hasses; ich denke nur Gedanken der Güte, der Vergebung, des Mitgefühls«, oder geben wir unseren Gedanken in der Stille, wenn wir allein sind, wie folgt Ausdruck: »Ich vergebe Dir, ich vertraue Dir; mögest Du den Gott in Dir finden und Dich auf das Gute besinnen, damit es Dir wie mir hinfort gut ergehe!«

Wenn wir uns so einstellen, sind wir im Anfang vielleicht noch weit davon entfernt, unserem Feinde Liebe entgegenzubringen; dennoch besitzt das innerlich gesprochene Wort, als geformter Gedanke, Kraft, und wenn wir in dieser Weise Tag für Tag fortfahren, werden wir mehr und mehr verwandelt, bis wir unserem Widersacher gegenüber wahrhaftes Wohlwollen empfinden. Im gleichen Maße wandelt sich wunderbarerweise auch die Einstellung unseres bisherigen Feindes uns gegenüber: es wird ihm immer unmöglicher, uns zu hassen und uns zu schädigen. Zuerst kann er es nicht und schließlich mag und will er es nicht mehr.

Damit aber ist die Wandlung, die wir durch unsere bejahende Einstellung anstrebten, vollzogen und die Harmonie wieder hergestellt.

Weil wir Kinder des Ewigen sind und weil wir, dem verlorenen Sohne gleich, unseres Vaters Haus, das Reich Gottes, das Reich der Wirklichkeit, verlassen haben, um ein fernes Land zu durchwandern — unsere Reise durch Raum und Zeit, die unser Leben auf der Erde mit einschließt —, um Weisheit zu erlangen, lodert in jedem von uns ein unstillbares Heimverlangen.

Heim! Heimat! welch glückselige Erinnerungen werden bei diesem Wort in unserem Herzen lebendig, schon wenn wir nur an das irdische Heim unserer Kindheit zurückdenken.

Aber das Heim unserer Jugend ist nicht mehr — und auch das Heim, das viele unter uns ihren Kindern geschaffen haben, wird eines Tages nicht mehr sein —, unsere ewige Heimat aber wird immer sein, und immerfort ruft sie uns, zu ihr zurückzukehren.

Tief eingewurzelt in jede Seele ist dieses Sehnen nach der ewigen Heimat des Geistes. Sie ist der Mutterboden aller Wünsche, die in uns lebendig werden. Dieses Verlangen ist es, das die Menschen nie zufrieden sein läßt. Wenn sie an einer Stelle sind, sehnen sie sich nach einem anderen Platz. Und wenn sie dort angelangt sind, wo es, aus der Ferne gesehen, viel besser zu sein schien, dann sind sie wieder enttäuscht und wünschen sich abermals woanders hin.

Andere suchen Befriedigung in sinnlichen Vergnügungen oder in anderen Erregungen; keiner aber ist, der restlos zufrieden wäre.

Immer aufs neue treibt das Verlangen den Menschen vor sich her. Vom einen enttäuscht, sucht er ein anderes; aber nichts vermag seinen Durst zu stillen. Alles, was er an sich reißt, bringt neue Enttäuschungen und Leiden.

Am trügerischsten aber ist das sinnliche Verlangen. Es

verspricht Glückseligkeit und läßt die Asche der Enttäuschung zurück. Nur wenn an die Stelle bloßer Leidenschaft die reinere Flamme einer mehr geistigen Liebe tritt, ist die Verwirklichung einer wahren und dauernden Harmonie möglich.

... Wie oft klagen mir suchende Menschen ihr Leid ob ihrer unglücklichen Ehe. Meistens lieben sie einen andern. Was sollen sie tun? Wie kommen sie auseinander? Kann man Gedankenkräfte anwenden, um einen bestimmten Menschen an sich zu fesseln? ...

Arme Menschen, die hinter Regenbogen und Irrlichtern herjagen! Wann werden sie weiser werden? Sie sind betroffen, zuweilen sogar gekränkt, wenn sie hören, daß, wenn sie ihren Wunsch erfüllt bekommen, sie am Ende noch unglücklicher sein werden und daß, wenn sie zur Erfüllung ihrer Wünsche geistige Kräfte anwenden, diese Kräfte sich eines Tages vernichtend gegen sie kehren werden.

Wer Gedankenkräfte mißbraucht, um seine niederen Wünsche zu befriedigen, ruft eine Fülle von Disharmonien in sein Leben.

Dennoch soll die Liebeskraft des Menschen keineswegs unterdrückt werden. Sie muß nur vom bloß Sinnenhaften erlöst und geläutert werden. Das geschieht am sichersten dadurch, daß wir die göttliche Seite der Liebe, die jeder Form und Äußerung der Liebe zugrunde liegt, bewußter und lebendiger als bisher zur Offenbarung bringen.

Wir sollen nicht uns selbst zuerst lieben und nicht zum Spielball unserer leidschaffenden Leidenschaften werden, noch auch nur einen einzigen Menschen lieb haben und niemand und nichts mehr, sondern sollen das *Ganze* lieben, Gott und unsere Nächsten.

Wenn wir in einer stillen Stunde hierüber nachdenken, erkennen wir, daß unsere Lebensaufgabe nicht darin besteht den Seifenblasen des Daseins nachzujagen, sondern vielmehr darin, unsere Wünsche zu veredeln, so daß sie immer bewußter auf die Erlangung göttlicher Weisheit und Liebe und auf die Verwirklichung unserer Harmonie mit dem Unendlichen gerichtet werden. Nur auf dem Wege zu diesem Ziel finden wir wachsende Freude und Befriedigung und ein Glück, das Dauer hat.

Auf dem Wege zur *Harmonie mit dem Ewigen* — und das ist auch der Sinn der Botschaft, die meine Blumen mir beim Schreiben unaufhörlich zuraunen — erheben wir uns zu Höhen, auf denen wir mit Augen, die die göttliche Weisheit sehend machte, weit über das Meer des Lebens hinausblicken.

Über seine wildbewegte Oberfläche werden die buntschillernden Seifenblasen geschwellter Hoffnungen, die den Menschen wieder und wieder in die Ferne locken, hin und her gejagt. Eifrige Hände haschen nach ihnen, ohne sie zu erreichen, um dann müde zurückzusinken und anderen Platz zu machen . . .

Aber über dem Meer des Lebens erhebt sich die Lichtgestalt des Ewigen und ruft den Suchenden mit ausgestreckten Händen zu: »Kommet zu mir und ich werde Euch den Frieden und die Fülle geben!«

Aber wie viele hören den Ruf des Lebens? Wie viele lernen, richtig zu denken und weise zu handeln?

Kinder des Ewigen

Was hier rechtes Denken genannt wird und im weiteren Verlauf unserer Betrachtungen noch näher untersucht werden soll, kann umschrieben werden als ein Denken in Begriffen der Wirklichkeit. Unter ›Wirklichkeit‹ verstehen wir die Wahrheit über Gott und den Menschen als Kind der Gottheit.

Um richtig zu denken, müssen wir uns als *Kinder des Ewigen* und als die rechtmäßigen Erben und Eigner aller Reichtümer des Lebens bejahen, als geistige Wesen, die in einem geistigen All leben, das von göttlichen Kräften getragen und von dem gütigen Willen des Ewigen durchpulst wird.

Gewöhnen wir uns, so zu denken und unser Leben unter diesem Gesichtspunkt zu führen, dann wandeln wir nicht nur uns selbst, sondern auch unser Leben von Grund auf um. Ein Kind des Ewigen kann nicht krank sein oder arm, erfolglos, schwach oder elend. Es kann nichts Schlechtes tun noch unzufrieden oder lieblos sein.

Wenn der ›kleine Mann in uns‹ zeitweise die Oberhand gewinnt, dann wird die gläubige und beharrliche Hinwendung zum Gott in uns ihn bald zur Machtlosigkeit verurteilen. Er kann nur wachsen und seinen Willen durchsetzen, solange wir über begangene Fehler und Irrtümer grübeln.

Vertrauen wir aber der inneren Kraft, dann werden die Dinge, die uns bisher unmöglich schienen, mit einem Male erreichbar, und wenn wir gefehlt haben und ob unserer Schwäche verzweifeln möchten, dann macht die göttliche Innenkraft uns stark und siegreich.

Wir sind der Kraft und Anlage nach Kinder des Ewigen. Wir sind es aber nur so weit, als wir uns dieser Gotteskindschaft und unserer inneren Kraft bewußt werden. Erkennen und bejahen wir unsere göttliche Herkunft und unsere Innenkraft in gläubigem Vertrauen, dann ist uns nichts unmöglich.

Ist der Ewige unser Vater und seine Kraft in uns dann können wir nicht Mangel leiden, sondern sind gefeit gegen Not und Gefahr. Schon das Bewußtsein unserer Gottgeborgenheit behütet uns vor allem, was uns möglicherweise schaden und unser Glück schmälern könnte.

Die Menschheit steht heute den schwersten Aufgaben gegenüber. Wirtschaftssysteme brechen über Nacht zusammen, immer mehr Existenzsicherungen erweisen sich als brüchig und unzuverlässig. Alle diese Wandlungen sind Vorboten einer kommenden besseren sozialen Ordnung und Lebensführung.

Die Übergangszeit jedoch macht jedem das Leben und Durchsetzen schwer — mit Ausnahme derer, die in ständiger Verbindung mit dem Ewigen leben, die sich der steten inneren Gegenwart Gottes und seiner Kraft bewußt sind, der Hilfe von innen vertrauen und sich von innen her leiten lassen. Für sie gibt es keine Übergangsschwierigkeiten, keine unlösbaren Fragen, keine Nöte, die nicht von innen her überwindbar wären.

Jeder kann es diesen innerlich Erwachten gleichtun und zu gleicher Sicherheit und Geborgenheitsgewißheit gelangen.

Indem wir uns innerlich zur Ebene der Allharmonie emporschwingen und uns auf die Kraft in uns besinnen, bringen wir Harmonie und Fülle in unser äußeres Leben. Was wir im Bewußtsein festhalten, offenbart sich bald auch in unserem Leben. Wenn wir wie die Götter leben wollen, müssen wir uns als Götter erkennen, müssen, wie immer auch unser Leben aussieht, den Weg der Liebe beschreiten und nicht mehr verlassen.

Wer den Weg der Liebe einmal betritt, die Liebe also nicht nur im Munde führt, sondern lebt, der entdeckt bald, daß er einer planmäßigen Schulung unterzogen wird. Er gewahrt, daß er eine Reihe von Einweihungen durchmacht — nicht die Initiationen der Okkultisten, sondern Einweihungen in die Wunder des Lebens und der Liebe. Er macht Erfahrungen durch, die das Maß seiner Liebe auf die Probe stellen und erweisen, ob und wie weit er wahrhaft liebt.

Diese Prüfungen gehen so weit, daß der Lichtwärtsstrebende zeitweise aus dem Gleichgewicht gerät und sich manchmal fragt, ob er etwa auf dem falschen Wege oder die Liebe vielleicht doch nicht das Grundgesetz des Lebens ist.

Nur wer diese Prüfungen seiner Standhaftigkeit besteht, ist ein wahrhaft Liebender. Ihm wird jedes Ereignis, jede Erfahrung, jede Schwierigkeit im Leben zur Gelegenheit, zu beweisen, daß die Kraft der Liebe die leitende Macht seines Denkens und Handelns ist.

Das erste, was wir auf dem Wege der Liebe lernen müssen, ist, andern zu vergeben. So einfach dies klingt, so schwer ist es oft. Schwierig deshalb, weil das, was uns verletzt, uns immer wie ein uns zugefügtes Unrecht erscheint. Wir müssen aber vergeben können, wie ungerecht wir uns auch behandelt fühlen.

Wir kommen auf dem Pfad zur Höhe nicht voran, solange wir nicht verzeihen können. Jedes gütige Vergeben aber, jeder Gedanke des Wohlwollens ist ein Vehikel, das uns rascher voranträgt. Denn wie wir andern vergeben, so werden auch uns die Fehler vergeben, die wir bisher auf unserem Wege begingen.

Wir müssen aber nicht nur denen vergeben, die uns geschadet haben, sondern auch denen, die uns nur ärgern oder gegen den Strich gehen. Ein Tier liebt es nicht, gegen den Strich gestreichelt zu werden, und der Mensch noch weniger. Dennoch müssen wir lernen, auch denen zu vergeben, die uns stören oder lästig fallen; denn nur durch das Tor des Verzeihens gelangen wir ins Reich der Freiheit und der Fülle.

Dabei ist all dies nur die negative Seite der Angelegenheit. Wir haben nicht nur zu *vergeben,* sondern darüber hinaus zu *lieben,* auch wenn es uns gegen den Strich geht.

Die Schwierigkeit liegt hier wie überall nur im Anfangen; sowie die erlösende Kraft der Liebe in uns aufströmt, wird es uns leicht, alle Wesen mit unserer Liebe zu umfassen und zu wünschen, daß es allen wohl ergehe. Dieser Gedanke zerbricht die letzten Ketten, die uns an Leid und Übel fesseln.

Das Reich Gottes

Die Botschaft der Blumen ist eine vernehmliche Kündung vom Reich Gottes, das unser wartet.

Was ist dieses Reich Gottes? Ist es nur die Erweckung bestimmter geistiger Kräfte? Nein. Ist es die Erlangung der Unsterblichkeit im Fleische? Nein. Ist es ein Ort, zu dem man nach dem Tode gelangt? Nein. Ist es Unsterblichkeit und ewiges Leben? Nein. Das Reich Gottes ist etwas unendlich größeres. Es übersteigt alles, auch das ewige Leben. Es ist so gewaltig, daß es nicht beschrieben werden kann; je eifriger wir es versuchen, desto unzulänglicher werden unsere Worte.

Trotzdem wage ich es, einiges hierüber zu sagen — in der Hoffnung, daß es die Gedanken meiner Leser auf den Weg des Lebens leitet, auf dem sich ihnen früher oder später das Geheimnis des Reiches Gottes offenbart.

Das Reich Gottes ist das Einssein mit dem Ewigen, die Harmonie mit dem Unendlichen — nicht weniger. In dieser Einheit erleben wir uns als Söhne und Töchter des Ewigen, gleichwie Jesus sich als Sohn des Ewigen erkannte.

Das Reich Gottes ist das Reich der Liebe — nicht der selbstischen Sinnenliebe, sondern der selbstlosen allumfassenden Güte. Die Sonne unserer Liebe will über Gute und Böse scheinen; unser ganzes Leben will von der Liebe regiert sein. Wir wollen darum alles lieben, was uns begegnet, wollen so schlicht und einfach werden wie die Blumen.

Statt auf andere herabzusehen und uns von ihnen bedienen zu lassen, wollen wir sie bedienen und ihr Glück mehren helfen. Wir wollen alles Haften an vergänglichen Dingen und Werten lassen, um das Reich des wahren Lebens unbeschwert betreten zu können.

Die Gottheit hat in jedem von uns die Vollkommenheit und Fülle des Lebens als Keim angelegt, der nach dem Willen des Ewigen im Laufe der Zeit schrittweise zur Entfaltung, zum Wachstum, zur Blüte kommen soll. Auf die Erfüllung dieses Willens des Ewigen ist unser eigener Wille, der Wille Gottes in uns, ausgerichtet.

Folgen wir diesem inneren Willen, dem inneren Wort, dann wird die Harmonie, das Glück unser ständiger Begleiter.

Wir brauchen also eigentlich keinen Lebensplan aufzustellen. Er liegt schon in uns bereit. Wir müssen ihn nur erkennen und uns zu eigen machen.

Anfängern mag diese Forderung zunächst Schwierigkeiten bereiten, aber wenn sie vertrauensvoll weiterschreiten, werden sie bald fähiger, den inneren Willen zu erfühlen und zu erkennen, daß das, was Gott von ihnen will, das Beste ist, was sie überhaupt tun und erlangen können.

Unser Leben ist vollkommen in der Form, die der göttliche Wille in uns anstrebt. Und es offenbart diese in ihm angelegte Vollkommenheit um so sichtbarer, je williger wir den Ewigen durch uns wirken lassen. Das klingt einfach und unbedeutend — und doch ist es das wichtigste, was wir tun können, um in unser Leben Ordnung und Harmonie, Freude und Glück und immer größere Erfolge hineinzutragen und in beständiger Verbindung mit dem Reiche Gottes, dem Reich des Geistes, zu leben.

Wer einmal die Verbindung mit diesem Reich des Geistes erlangt, der kann sich jederzeit auf diese höhere Seinsebene zurückziehen und von hier aus gelassen auf die Unruhe und Rastlosigkeit der Lebensjagd hinabschauen.

In dieser Stratosphäre des Bewußtseins ist der Geist gänzlich frei von Sorgen, Ängsten und Befürchtungen und von allem, was sonst das Leben schwer, den Geist müde und den Willen schwach macht.

Von dieser Höhe aus erkennt man die wirkliche Bedeutung aller irdischen Strebungen und die Wesenlosigkeit allen Streits. Von hier aus sieht man die Dinge und Geschehnisse im Lichte der Ewigkeit. Und diese Einsicht in das wahre Wesen der Dinge wirkt klärend und befreiend und macht uns fähig, in den Zustand vollkommenen inneren Friedens einzutreten.

Wer, seelisch noch ungeschult, nach dem Lesen dieser Worte versucht, sich zu diesem höheren Seinsreich hinaufzuschwingen, wird es zunächst unmöglich finden. Das hängt mit der mangelnden Gedankenzucht und damit zusammen, daß er nicht weiß, wie man in die Stille geht. Nur durch Gedankenstillung, rechte Sammlung und Hingabe ist es möglich, das Reich der Stille und inneren Gestilltheit zu betreten.

Neben der Gedankenerziehung ist es erforderlich, unser Leben mit den Gesetzen, die das All regieren, in Harmonie zu bringen.

Geschieht das, wird die rechte geistige Haltung und das rechte Verhalten zum Leben zur Gewohnheit, dann vollzieht der Mensch die Harmonie mit dem Unendlichen, schwingt sich ins kosmische Bewußtsein hinauf und nimmt teil am unendlichen Leben Gottes.

IV. DIE FÜLLE DES LEBENS

»Die gütige Natur verlangt nicht unsere Plage;
o ruhten wir an ihrer Brust
und ließen ihr die Wahl der bessern Lust –
Wie heiter flössen unsere Tage!«

J. P. Uz

Armut ist ebenso wie Krankheit und Unglück kein wesenhafter Bestandteil des göttlichen Ideals; sie ist dem Wesen Gottes fremd. Armut ist eine negative Größe; sie hat keine Existenz an sich, sondern ist ein Nichts, nämlich die bloße Abwesenheit von etwas, was vorhanden ist.

Die Philosophie lehrt uns, daß nichts wirkliche Existenz besitzt, was nicht von Dauer ist — ein Standpunkt, dem von den meisten Weisheitslehrern zugestimmt wird.

Nun gibt es nur ein dauerndes Sein: das All-Gute; dieses allein also besitzt wirkliche Existenz. Armut dagegen ist nichts als Abwesenheit dieses All-Guten, mit andern Worten: es ist ein Getrenntsein vom Göttlichen, dem Quell alles Guten.

Hieraus wiederum ergibt sich: Armut mag für den Augenblick fühlbar sein, mag einen Menschen heute umgeben; aber in Zukunft wird sie, da der Mensch und die Menschheit sich zunehmend auf ihren göttlichen Ursprung und ihre innere Kraft besinnen, immer mehr verschwinden wie Nebel vor der aufsteigenden Sonne.

Die unendliche Fülle des Lebens ist immerfort gegenwärtig und allezeit bereit, sich uns zu schenken; sie ist das Bleibende, das Ewige, das allein Seiende. Das ist der Kern aller religiösen Erkenntnis.

Wie weit aber haben sich jene ›Diener Gottes‹ von dieser

Wahrheit entfernt, die ihrer Gemeinde unentwegt erzählen, daß Gott Armut, Plagen und Krankheiten schicke, um die Menschen zu züchtigen, obwohl doch eine einzige Überlegung ihnen zeigen müßte, daß sie mit solchen sinnlosen und unwahren Darstellungen das Göttliche herabsetzen. Denn Gott kann nur sich selbst schenken. Wenn er also Übel schickt, dann wäre er selbst die Quelle aller Übel, was, wie Euclid sagen würde, ein Widersinn ist.

Gott kann nur das geben, was seinem Wesen gemäß ist; und da er das All-Gute ist, kann nur Gutes von ihm kommen, woraus sich ergibt, daß diejenigen, die Armut und Mangel leiden, mit dem Ewigen nicht in Harmonie sind, sondern sich in ihrem Denken, Wollen und Tun von der unendlichen Fülle getrennt haben . . .

Aber ist es nötig, uns in solchen abstrakten Überlegungen zu ergehen, um einzusehen, daß Gott die unendliche Fülle ist? Nein, denn alle Dinge um uns herum sind unwiderlegliche Beweise der verschwenderischen Freigebigkeit der Fülle des Ewigen. Wer erkannt hat, daß der Geist Gottes allem innewohnt, der weiß, daß das ganze sichtbare Universum eine lebendige Offenbarung seines Seins ist.

Die Materie ist nichts als ein sichtbarer Ausdruck des Geistes. Nun ist der Stoff aber nichts Bleibendes; denn er entsteht, wandelt seine Formen und löst sich wieder auf, entsprechend dem Willen des ihm zugrunde liegenden Gedankens. Was wir um uns herum sehen, sind weniger Dinge als Gedanken.

Was wir an Schönheit und Liebreiz, an Vollkommenheit und Glück um uns wahrnehmen, ist Verkörperung göttlicher Gedanken. Was wir aber an Häßlichem, Unvollkommenem und Leidvollem gewahren, ist menschlichen Ursprungs, ist Verkörperung menschlicher Falschgedanken.

Um Gott zu finden und damit die Fülle des Guten, müssen

wir den Geist der Natur in seinen vollkommenen Schöpfungen suchen. Am besten erkennen wir ihn, wenn wir dorthin sehen, wo die Hand des Menschen noch nicht ihre unerfreulichen Spuren hinterlassen hat.

Eben darum zieht es uns zu der Unberührtheit des freien Landes, in die Stille der Wälder, zu Wiesen und Feldwegen, zur blühenden Heide oder in die Einsamkeit himmelwärts ragender Berge.

Welch bunte Fülle des Lebens entdecken wir hier. Schönheit über Schönheit, eine Unzahl der Formen, der verschwenderische Reichtum des Lebendigen breitet sich hier bei jedem Schritt vor unseren Augen aus.

Millionen und Abermillionen *Blumen* hat der Geist des Lebens hier vor uns ausgestreut — Blumen von überwältigender Pracht, die ihren Duft verströmen und ihre Blüten der Sonne zuwenden. Und jede einzelne ein Wunder für sich . . .

Wie wundersam ist es, wenn unter dem noch kühlen Himmel das *Schneeglöckchen* seine zarten Blütenkelche im Winde schwingt, um den Frühling einzuläuten, oder wenn einige Zeit später der *Löwenzahn* seine hunderttausend federleichten weißen Fallschirme — lauter winzige aeronautische Meisterwerke — durch die Lüfte segeln läßt, oder wenn das mittsommerliche *Johanniskraut* seine goldig strahlenden Blüten zum Zenit streckt und die Luft mit seinem heilsam-belebenden Aroma würzt. Oder wenn, wieder einige Monate darauf, die *Herbstzeitlose* mit ihren lila Blüten uns jene Zeit verschönt, da das Licht immer längeren Dämmerungen und Nächten weicht, und zugleich uns Menschen den Herbst des Lebens durch die Heilkraft ihres Saftes schmerzfreier macht . . .

Ja, jede der tausend Blumen ist heilsam und hilfreich, jede bewunderns- und liebenswert, jede lieblich und rätselvoll in ihrer Art.

Denke einen Augenblick über den Sinn dieser überquellenden Fülle nach. Schon ein kleiner Teil unseres Vaterlandes, in dem soviel Herrliches wächst und blüht, würde, recht benutzt, ausreichen, um Armut und Mangel von allen Menschen fernzuhaten. Und alle diese wunderbaren Kräfte des Bodens verschwendet die Natur, um Blumen ins Dasein zu rufen, um immer neue Schönheit zu schaffen. Welche überquellende Fülle, welche Üppigkeit, welche Verschwendung!

Predigt die ganze Natur nicht vernehmlich, daß Gott keinen Mangel, keine Armut kennt? Wenn Gott Mangel empfände und zu sparen wünschte, dann würde er sich nicht in Blumen verausgaben, bevor er nicht unsere Ernährung gesichert hätte.

Schon die Tatsache, daß der Geist der Natur so verschwenderisch mit den Blumen umgeht, ist Beweis genug, daß die göttliche Fülle kein Ende kennt, daß für alle übergenug da ist.

Wenn wir einen Mann eine Semmel und ein Stückchen Käse für eine Mahlzeit einkaufen sehen und beobachten, wie er mit der Straßenbahn nach Hause fährt, dann wissen wir, daß sein Einkommen für den Lebensunterhalt reicht, daß er aber kaum viel wird zurücklegen können.

Sehen wir dagegen einen anderen, der im vornehmsten Hotel wohnt, einen teuren Wagen fährt, zwanzig Mark für eine Blume ausgibt, die er ins Knopfloch seines Fracks steckt, und jahrein jahraus auf diese Weise lebt, dann wissen wir, daß er aus der Fülle schöpft, weil er nicht so verschwenderisch leben könnte, wenn er nicht über mehr Geld verfügte, als er auszugeben vermag.

Vergleichen wir damit aber die *Überfülle Gottes*, wie sie sich in der Verschwendung der Natur und in den Billionenscharen der Blume offenbart, deren bunte Pracht selbst auf den Stätten des Todes die Vergänglichkeit des Irdischen überdeckt und deren leuchtender Schmuck die Unvergänglichkeit der Schönheit und des Lebens kündet, dann wissen wir mit gleicher Sicherheit, daß die Gottheit den Mangel nicht kennt, daß sie vielmehr die unausschöpfbare Quelle unermeßlicher Reichtümer ist.

Aber — sagen die Theologen — Gott schickt den Seinen absichtlich Mangel und Not, um ihnen wohlzutun.

Mit welchem Recht behaupten sie etwas derartiges? Wenn wir die Lehren Jesu daraufhin prüfen, finden wir das gerade Gegenteil: »Sehet die Vögel unter dem Himmel an; sie säen nicht, sie ernten nicht, sie sammeln nicht in die Scheunen, und der Vater im Himmel nähret sie doch. Seid Ihr nicht viel mehr denn sie?«

Was heißt das anders, als daß der Mensch niemals Mangel an Nahrung zu leiden brauchte, wenn er nicht durch sein falsches, sorgsüchtiges Denken die Fülle vertreiben würde!

Gott ist ein Gott der Fülle, und was sein ist, ist auch unser. Bejahen wir die göttliche All-Fülle, dann kommt die irdische Fülle von selbst zu uns.

Und weiter mahnte Jesus uns: »Und warum sorgt Ihr Euch um Kleidung? Schauet die Lilien auf dem Felde an, wie sie wachsen, ohne sich zu mühen. Wenn aber Gott das Gras auf dem Felde kleidet, sollte er nicht viel mehr Euch tun, Ihr Kleingläubigen?«

Unsere jüngeren Schwestern, die Pflanzen, empfinden in ihrem traumgleichen Dämmerdasein nichts als kindlich-hingebungsvolles Vertrauen zum Geist der Natur. Gleichermaßen sollten wir den Geist des Lebens vertrauend in uns und durch uns wirken lassen. Um so rascher nehmen unsere Sorgen ein Ende, weil sich nach dem Maße unseres Vertrauens alles sichtbar zu unserem Besten wendet.

Würde Jesus heute unter uns weilen und seine Lehre von der Liebe des Ewigen verkünden, hätte er seinem Gleichnis vielleicht folgendes angefügt: »Und warum sorgt Ihr Euch um das Geld, das Ihr braucht, um Eure Miete zu bezahlen, fällige Hypothekenzinsen und Bankschulden! Gott weiß, daß Ihr dieses Geldes bedürft. Trachtet zuerst nach der Einheit mit dem Reiche Gottes in Euch, dann wird Euch das, dessen Ihr im äußeren Leben bedürft, von selbst zufallen.«

Das wollte er uns zum Bewußtsein bringen: *daß alle unsere Bedürfnisse aus der All-Fülle heraus befriedigt werden, wenn wir nur dem Ewigen vertrauen und gläubig aus seiner Fülle schöpfen, wie es die Blumen tun.*

Das sorgenfreie Leben aus der Fülle des Ewigen lehrt uns Jesus. Und nichts anderes lehren uns die Blumen: daß die Fülle mit unumstößlicher Sicherheit zu all jenen kommt, die mit dem Göttlichen in Harmonie sind, die den Reichtum des Ewigen nicht durch Zweifel, Sorgen und Befürchtungen von sich fern halten!

Wenn ich auf die Fülle der Blumen um mich herum blicke, weitet sich mein Herz vor Liebe und Dankbarkeit ob der reichen Geschenke des Spenders alles Guten. Im Anblick ihrer satten und herrlichen Farben und ihrer vollendeten Formen erkenne ich, wie freigebig die Hand des Ewigen ist.

Und während ich fortfahre, die Blumen in ihrer Schönheit zu bewundern, ist es, als höre ich ihre silberhellen Stimmen leise flüstern:

»Sieh uns an, Bruder Mensch, wie schön Gott uns geschaffen hat. Wir sind nichts als Kinder und Künder seiner Liebe und Vollkommenheit. Alles, was wir zum Leben brauchen, wird uns überreichlich geschenkt. Nahrung und Wasser, Luft und Sonnenschein — jedes kommt zu seiner Zeit, um uns zu dienen und unsere Freude zu mehren. Und wie der Ewige uns nährt und kleidet, so nährt und kleidet er auch Dich; wie er uns liebt, so liebt er Dich und wirkt Dein Wohl!«

Die Stimmen verklingen, so daß ich den Faden wieder aufnehmen und weiter von der Fülle des Lebens sprechen kann.

Seitdem ich gelernt habe, das Sorgen aus meinem Denken und Leben, aus meinem Heim und Dasein zu verbannen und alles, was ich brauche, aus geistigen statt aus materiellen Quellen zu schöpfen, sein Kommen aus der Fülle des Ewigen vertrauend zu bejahen, kenne ich keinen Mangel mehr. Tag für Tag werden meine Bedürfnisse überreichlich befriedigt.

Ich bin nicht darauf aus, Reichtümer anzusammeln, weil das unnötig ist, da ja alles, was ich brauche, mir Tag für Tag gegeben wird. Ich habe alles, dessen ich bedarf, und das wird so bleiben, so lange ich alles, was ich benötige, vom Ewigen erwarte.

Gleich den Blumen empfange ich alles, was für meine Höherentwicklung vonnöten ist — nicht zu viel, denn das würde mich erdrücken, und nicht zu wenig — denn das würde mich auf meinem Wege behindern. Mein Leben ist restlos frei von jeder Sorge; ich bekümmere mich nicht darum, was der morgige Tag bringt, denn dafür sorgt der Ewige.

Tag für Tag erlebe ich von neuem, daß der, der gläubig bittet, empfängt, und daß der, der sein ganzes Vertrauen auf Gott setzt, weder enttäuscht noch je in seinen Hoffnungen betrogen wird.

Wie der Geist der Natur über die Blumen wacht und sie sich immer herrlicher entfalten läßt, so sorgt er für jeden von uns; im gleichen Maße, wie der unendliche Reichtum der Blumen und Gräser in verwirrender Fülle über die Landschaft gestreut ist, versieht der Geist der Natur uns bis zum Überfluß mit allem Guten.

Das Leben der Fülle wird jedoch keinem unverdient geschenkt. Man gelangt zu ihm weder durch Zufall noch durch das Bekenntnis zu irgendwelchen Glaubensformen. Es will erobert sein. Nichts Wertvolles in dieser Welt fällt uns ohne Kampf und Opfer zu, wieviel weniger das wertvollste aller Güter: das Leben der Fülle.

Wir müssen bereit sein, alles für dieses eine hinzugeben, ohne etwas zurückzuhalten. Mit dem Einzug dieser neuen Einstellung beginnt das Leben der Fülle.

Wieso das? wird mancher wissen wollen. Die Antwort lautet: weil diese innere Wandlung unser Wollen und Denken gottwärts richtet und weil wir nur dann mit dem göttlichen Quell der Fülle in Verbindung kommen.

Wenn der Mensch geistig wiedergeboren, wenn die neue Gesinnung in ihm vorherrschend ist, hat er nur noch *ein* Verlangen: die Sehnsucht nach vollkommener Harmonie mit dem Ewigen, den Wunsch, seinen Willen dem göttlichen so zu einen, daß beide ein Wille werden.

Auch hier hängt wieder alles vom rechten Denken ab. Unser äußeres Handeln ist das Ergebnis unserer Gedanken.

Wenn Jesus von uns forderte? »Seid vollkommen, gleichwie Gott vollkommen ist!«, so meinte er, daß jeder unserer Gedanken rein und liebevoll, gütig und vollkommen sei und jede unserer Handlungen der erreichten inneren Höhe entspreche.

Von der Quelle unseres Wesens her, aus der unsere Gedanken entspringen, müssen wir uns läutern und dem göttlichen Willen gleichrichten.

So gesehen, ist rechtes Denken wesensgleich mit dem echten Gebet. Wer gelernt hat, sich in stiller Meditation dem Ewigen zu nähern, der hat das nur durch Gewöhnung an rechtes Denken möglich gemacht. Mit unermüdlicher Geduld hat er jeden störenden, negativen Gedanken in der Stille beiseite geschoben und sich stets von neuem liebend dem Ewigen in ihm hingegeben.

Und jedesmal, wenn er den Blick gottwärts wandte, seinen Willen auf die Harmonie mit dem Unendlichen konzentrierte, strömte eine größere Fülle göttlicher Kraft in ihn ein, erneuerte ihn und sein Leben.

Die praktische Konsequenz des eben Gesagten ist folgende:

Wenn jemand täglich nur kurze Zeit in der Stille in Richtung auf das Positive hin tätig ist, vermag er alle Übel aus seinem Leben auszumerzen und ebenso viele Segnungen und Erfolge an ihre Stelle zu setzen. Durch die ständige Bejahung der Vollkommenheit wandelt er sich und sein Dasein im Sinne des Idealbildes der Vollkommenheit, das er in sich trägt und nährt.

Zugleich hebt er damit den Einfluß auf, den er bisher in seinem Leben dem Zufall, dem Mißgeschick, dem Schicksal zuschrieb und einräumte, und setzt an deren Stelle die Kraft und Macht des Guten. An den Platz der früheren Mißstimmungen tritt eine lebendige Freudigkeit, deren Quellen in ihm rauschen und von äußeren Umständen unabhängig sind.

Statt sich mit Ungewißheiten, Annahmen und Befürchtungen zu quälen, wirkt er zielstrebig unter Beachtung der Gesetze des Denkens, die zugleich die Gesetze des Erfolges sind.

Alles dieses wirkt er nicht durch Willenskraft, sondern einfach dadurch, daß er sich innerlich mit dem Unendlichen in Harmonie erhält. Nur auf diese Weise lassen sich wirkliche und dauernde Erfolge im Leben erzielen.

Der Mensch ist ein geistiges Wesen, und wenn er seiner Geistigkeit bewußt wird und die unendliche Kraft in ihm in rechter Weise in seinen Dienst stellt, wandelt er sein Leben von Grund auf. Ein Übel nach dem andern schwindet und ein Gutes nach dem andern nimmt ihren Platz ein.

Im Anfang sind die Erfolge vielleicht nicht sichtbar, aber sie häufen sich von Tag zu Tag, und schließlich werden sie ebenso offenbar wie der der Morgendämmerung folgende Aufgang der Sonne.

Diese Wandlung erreichen wir durch rechtes Denken. Es bringt Ordnung und Harmonie in unser Leben. Es läßt unser äußeres Dasein sicherer und gleichmäßiger werden, es bewirkt, daß allmählich unser ganzes Denken und Handeln automatisch auf den Erfolg hinstrebt.

Dabei brauchen wir uns nicht einmal zu fragen, was nun im Einzelfall das Gute ist, dem wir uns zuwenden müssen; wir können das unbesorgt der inneren Führung überlassen. Es genügt, daß wir uns an rechtes, positives Denken gewöhnen und immer bewußter in allen Gedanken und Taten unserer inneren Harmonie mit dem Unendlichen Ausdruck geben.

Dann werden wir fähig, immer mehr Übles abzustoßen und Gutes anzuziehen mit dem Ergebnis, daß unser Leben gradweise umgewandelt wird, erneuert und verschönert.

Die Macht des Guten

Die Erkenntnis, daß die Macht des Guten hinter und in allem Leben und Geschehen im All west und wirkt, ist der erste große Schritt zu Glück und Erfolg. Die Einsicht, daß wir durch bewußte Einung unseres Wesens und Willens mit dem unendlichen Geist der Natur nur Gutes in unser Leben hineinziehen, bedeutet den Aufstieg zu einem Leben der Kraft und der Fülle.

Wenn ich auf eine der halb verborgenen Blumen am Wegrande blicke, weiß ich im gleichen Augenblick in der Tiefe meines Herzens, daß im Reiche des Lebens nichts Böses Bestand hat, daß es nur eines gibt: das unendliche Gute.

Der Mensch verfügt über die göttliche Kraft des Gedankens. Der Gedanke ist bewegter Geist – eine spirituelle Macht, die stärker ist als jede materielle. Durch den Mißbrauch dieser Macht zwingt der Mensch die guten Kräfte des Lebens in üble Kanäle und ruft dadurch das ins Dasein, was wir Übel und Leid nennen. Die Macht des Bösen ist also gewissermaßen die kollektive Auswirkung des unguten Denkens.

Würden alle Menschen richtig, gerecht und gütig denken, dann würden Leid und Not und alle übrigen Disharmonien auf diesem Planeten bald ein Ende nehmen. So gewaltig ist die Macht der Gedanken.

Von Gott kommt nur Gutes. Übel werden die Dinge des Lebens erst durch das falsche, ungute Denken der Menschen. Wenn aber einer sein Herz dem Ewigen öffnet, braucht er keine Übel mehr zu fürchten. Sein Leben wird immer sichtbarer eine lebendige Offenbarung des unendlichen Guten.

Durch falsches Denken also leitet der Mensch die guten Kräfte des Lebens in üble Bahnen, so daß Widrigkeiten und Krankheiten, Armut und Not in Erscheinung treten.

Durch rechtes, harmonisches Denken, das dem Denken des Ewigen parallel läuft, kann der Mensch Gesundheit, Fülle und Erfolge jeder Art erreichen und zu einem Leben höchster Meisterschaft gelangen.

Ein Gedanke ist eine Tat im Entstehungszustand. Alles, was wir tun, ist das Ergebnis von Gedanken, die wir in unser Bewußtsein einließen oder dort festhielten. Selbst wenn wir etwas auf Grund eines blitzartigen Impulses tun, ist auch dies die Folge eines oder mehrerer Gedanken, die wir in unserem Bewußtsein hegten.

Unser Unterbewußtsein ist eine Schatzkammer außergewöhnlicher Strebungen und Kräfte. Gleichzeitig aber ist es wie ein blinder Riese, der auf jede Suggestion hin handelt. Es reagiert auf jeden Eindruck, der vom Oberbewußtsein kommt. Infolgedessen hängt von der Beschaffenheit der Gedanken oder Suggestionen des Oberbewußtseins die Art der Reaktionen und Maßnahmen des Unterbewußtseins ab, die in unserm Handeln und Leben zum Vorschein kommen.

Die Abwehr negativer Reaktionen und Gewohnheiten muß daher bei den Gedanken und nicht bei den Handlungen einsetzen, weil die ersteren die Ursachen der letzteren sind.

Wenn also jemand kleinliche oder armselige Gedanken hegt, wird sein Handeln entsprechend kleinlich und armselig sein. Denkt er pessimistisch, sind Ungeschicktheiten und Mißgeschicke die Folge. Fürchtet er Übel und Leiden, kommen diese Übel in seinem Körper und Leben zum Vorschein.

Wenn ein junger Mensch sagt: »Ich fürchte, daß ich dieser Aufgabe nicht gewachsen bin«, wird er an ihr scheitern. Sagt er sich dagegen, daß diese Aufgabe eine Kleinigkeit für ihn sei, die er selbstverständlich meistern werde, dann tut sein Unterbewußtsein automatisch alles nur mögliche, um ihm zum Erfolg zu verhelfen.

Gute Gedanken haben zielstrebige Taten zur Folge, negative Gedanken unzweckmäßige Handlungen. Rechte Gedankenkontrolle bedeutet also gleichzeitig Selbsterziehung und Schicksalskontrolle.

Sagst Du Dir an einem regnerischen Morgen: »Ach, ist dies ein trübseliger Tag«, dann machst Du diesen Tag zu etwas Trübem und Ärgerlichem, und zwar nicht nur für Dich, sondern auch für andere; denn Du sendest die Suggestionen freudlosen Elends nicht nur in Dein eigenes Unterbewußtsein hinab, sondern auch in das aller derer, zu denen Du Dich im gleichen Sinne äußerst.

Gehst Du — auf der anderen Seite — von der Tatsache aus, daß das Wetter weit trostloser sein könnte, daß der Regen für das Land eine notwendige Erquickung ist, daß die Sonne nach wie vor über den Wolken scheint und daß alles in der Welt so, wie es ist, gut ist, dann nimmst Du dem Tag das Trübe und Trostlose und machst nicht nur Dich selbst heiter und glücklicher, sondern auch andere, auf die Deine freudige Stimmung ausstrahlt und abfärbt.

Ebenso setzt sich Dein Unterbewußtsein entsprechend in Tätigkeit, wenn Du Dir sagst: »Ach, ich fühle mich heute elend!« Diese Botschaft wird sofort an die Millionen geschäftigen kleinen Arbeiter gesandt, deren Aufgabe darin besteht, Deinen Körper aufzubauen und gesund zu erhalten, und hat zur Folge, daß alle diese Millionen Arbeiter dem Selbstbefehl entsprechend handeln. Dein ganzer Organismus wird in seiner inneren Stimmung niedergedrückt, die Lebenskraft nimmt ab, die Widerstandskraft wird geschwächt, so daß Du einer Infektion oder Anfälligkeit viel leichter zur Beute fällst.

Wenn Du Dich dagegen — auf der anderen Seite — nicht auf der Höhe fühlst, aber trotzdem tief atmest, beim Atmen denkst: »Gott in mir macht mich gesund«, und lebendig fühlst, wie die Kräfte der Gesundheit Deinen Körper durchpulsen, wirst Du entdecken, daß sich Dein Befinden mit jedem Atemzug bessert. Die Depesche ›Gesundheit‹ wird telepathisch über alle Zellbezirke des Körpers verbreitet und alle die winzigen Kämpfer und Arbeiter werden im geichen Augenblick ermutigt, zu Deinem Besten zu wirken.

Wenn einer sagt: »Ich fürchte, daß die Konkurrenz mein Geschäft ruiniert«, bringt er sich selbst zum Stolpern und treibt dem Mißerfolg entgegen. Alle seine Handlungen werden unwillkürlich diesem Ziel zutreiben und sein Geschäft wird den Krebsgang gehen.

Der Mann dagegen, der — unter den gleichen Verhältnissen — standhaft und mutig erklärt: »Keine Konkurrenz kann meinem Geschäft etwas anhaben; meine Waren sind so gut, meine Dienste so wertvoll, daß meine Kunden in ihrem eigenen Interesse dauernd mit mir zusammenarbeiten werden«, dieser Mann wird, von seinen positiven Selbstbefehlen inspiriert und angefeuert, so Wertvolles leisten, daß er sichtbar vorankommt.

Wir sehen an diesem Beispiel, wie weitgehend unsere Gedanken auf unser Leben und unsere Verhältnisse einwirken.

Aber rechtes Denken geht noch weiter: die Erfahrung lehrt, daß Gedanken, die bewußt im Geiste festgehalten werden, auf Grund des Gesetzes der Anziehung alle die Stoffe und Dinge, die zu ihrer sichtbaren Verwirklichung nötig sind, herbeiziehen, daß alles das, was im Bewußtsein festgehalten wird, entsprechend der Lebendigkeit, Klarheit und Zielschärfe der inneren Vorstellung im Leben zu Wirklichkeit wird, und daß jeder Gedanke entsprechende Früchte trägt.

Die Erfahrung lehrt weiter, daß, wenn unser Bewußtsein von einander widerstreitenden Gedanken angefüllt ist, entsprechende Unordnung und Disharmonie notwendig in unserem Leben Platz greift, daß also unsere Verhältnisse entsprechend den in uns vorherrschenden Gedanken entweder glückreich oder leidvoll sind.

Mit dieser letzteren Feststellung berühren wir ein weiteres Problem, das viele bewegt, nämlich das, wie man in schweren Zeiten erfolgreich bleibt.

Dieses Problem ist ein rein psychologisches. Erfolg und Mißerfolg hängen, wie wir sahen, ausschließlich von der geistigen Haltung des Menschen, von seinen Gedanken ab und davon, welchen Gebrauch er von seinen Gedankenkräften macht.

Jeder kennt Menschen, die auch in Krisenzeiten, in denen die meisten sich einschränken oder gar Not leiden, unentwegt vorwärtskommen. Die vermehrten Schwierigkeiten scheinen in diesen Menschen etwas wachzurufen, das sie befähigt, alle Aufgaben so zu lösen und alle Widrigkeiten so zu meistern, daß sie vorwärtsschreiten und immer reicher werden, wo alle andern Verluste erleiden, zurückweichen und sich beschränken.

Daß diese Menschen fortschreiten und wachsende Erfolge erzielen in einer Zeit, in der die andern Verluste erleiden, hat eine rein psychologische Ursache. Ihr Erfolg hängt aufs innigste mit der geistigen Haltung zusammen, mit der sie den ›schweren Zeiten‹ entgegentreten.

Der sieggläubige Geist anerkennt keine schweren Zeiten; er läßt die Gedanken des Einschränkenmüssens, der möglichen Minderung seines Lebensstandards, des Sichernmüssens, die die große Masse ergreifen und infizieren, gar nicht an sich herankommen.

Jeder derartige Gedanke setzt, einmal aufgenommen, dem Bewußtsein und dem Wollen Schranken, etwa wie ein Zaun ein Stück Feld begrenzt. Diese Selbstbegrenzung lähmt das Handeln, engt das Denken und das Leben ein, so daß die schweren Zeiten nicht gemeistert, sondern vielmehr zu einer ständigen Einrichtung werden.

Wer schwere Zeiten als solche gläubig anerkennt, unterwirft sich ihnen, wird ihr Sklave und Opfer und sieht schließlich keinen Ausweg mehr aus der selbstgeschaffenen Enge und Not.

Der aber, der den bedrückenden Gedanken der ›schweren Zeiten‹, der beschränkten Mittel, der drohenden Armut, der anschwellenden Not nicht in sich hineinläßt, der sich den geistigen Horizont nicht durch Nebel negativen Denkens, die die Hirne der Masse umdüstern und verdunkeln, einengen läßt, sondern über alle scheinbaren Schwierigkeiten hinausblickt und sein Ziel im Auge behält, der gewahrt immer neue Möglichkeiten des Aufstiegs und Erfolgs.

Nur solange ein Mensch sich von den Falschgedanken der schweren Zeiten verwirren läßt, ist sein Geist so umnebelt, daß er die Möglichkeiten des Vorwärtskommens nicht wahrnimmt. Die Zukunft erscheint ihm aussichtslos, weil sein Geist für Erfolgsideen unempfänglich ward, weil er auf die Wellenlänge des Niedergangs statt auf die des frohen Aufstiegs eingestellt ist.

Sein Gegenspieler, der sich gegen Mißerfolgsgedanken immunisiert hat, bewahrt sich einen Sehkreis, der unendlich ist. Sein Geist berührt den Allgeist, so daß die Allkraft in ihm aufströmt und ihn fühlen läßt, daß ihm alle Dinge möglich sind. Er lebt in einer geistigen Atmosphäre, in der die Gedanken des Mangels nicht aufkommen können, und er erfährt immer von neuem die Wahrheit des Wortes:

Alle Dinge sind möglich dem, der glaubt, daß sie möglich sind! –

Der göttliche Reichtum

Zu allen Zeiten gab es Menschen, denen ein unerschütterlicher Glaube eigen war. Wenn wir die Berichte über ihr Leben lesen, sehen wir, daß sie durch gewaltiges Erleben gingen und in ihren schwersten Stunden erkannten, daß Gott nicht nur ein allmächtiger Geist ist, sondern ein Helfer, der keinen verläßt, der ihm vertraut.

Wenn alle Menschen uns verlassen haben, alle äußeren Hilfen versagen, ist es weniger schwer für uns als in guten Tagen, unser ganzes Vertrauen auf Gott zu setzen – einfach, weil kein anderer übrig bleibt, auf den wir hoffen könnten.

Das ist der Zweck der Erfahrung, die wir durchmachen:

die Not soll uns die Erkenntnis erleichtern, daß unser bester Helfer die Gottheit ist.

Hätten wir ihr von Anfang an ausschließlich vertraut, wären die bitteren Erfahrungen gar nicht nötig geworden. Nun sie aber nötig wurden, laßt uns diese Erfahrungen nicht als Übel ansehen, sondern als Mittel und Hilfen, den Ewigen vollkommener als bisher als unseren Freund und Befreier zu bejahen, damit die göttliche Kraft in unser Leben einströmt und uns glücklich und reich macht.

Der göttliche Kraftstrom ist unversiegbar: er ergießt sich in nie endender Fülle aus dem unsichtbaren göttlichen Urquell über die sichtbare Welt und offenbart sich hier in Myriaden Formen.

Blicken wir in das Auge eines Tieres, dann ist es Gott, der uns entgegenblickt; bewundern wir voller Entzücken die ansprechende Schönheit einer Blume, dann ist es Gott, der uns aus ihr anspricht. Gott ist überall und in allem; für den, der dies erkennt, beginnt ein neues Leben der Fülle und Freude. Er gewahrt, wie sich die Allkraft in allen Wundern der Schöpfung offenbart: in der Entwicklung der Sonnensysteme wie in den Gewalten der Natur und in dem Leben, das durch die Zeitalter hindurch in immer neuen Formen wiederkehrt.

Im *Menschen* nun tritt die Gottheit in eine neue Beziehung zu ihrer Schöpfung. In ihm sind alle Möglichkeiten eines umfassenderen, kosmischen Bewußtseins angelegt. Er steht auf dem Gipfel der irdischen Entwicklung; alle Reiche schlossen sich zu seiner Schöpfung zusammen: das Mineral-, das Pflanzen- und das Tierreich.

Die Reiche des Geistes dienen ihm als dem Herrn der Schöpfung. Seine Füße ruhen auf der Erde und sein Haupt ragt zum Himmel auf, und in seinem Herzen schlummern alle Möglichkeiten der Gottheit.

Vollkommener als jedes andere Geschöpf der Erde vermag er mit Gott zu denken, sich ihm zu vereinen, an seinem Allbewußtsein teilzuhaben und, im Laufe seiner Entwicklung, mit dem Ewigen eins zu werden.

Der Mensch, der lernt, er selbst zu sein, kann an der unendlichen Kraft in besonderer Weise teilhaben. Er kann sich, durch die seinem Geiste und seinen Gedanken innewohnende Gottkraft, bewußt mit dem Unendlichen vereinen. Es gibt keine Höhe, zu der er nicht hinaufzugelangen vermöchte, wenn er nur sein Antlitz dem Lichte zuwendet und dem Ewigen vertraut.

»Alle Macht ist mir gegeben im Himmel und auf Erden«, sagte Christus. Von uns, die wir gleich ihm Kinder des Ewigen sind, gilt das gleiche in nicht geringerem Maße.

Die unendliche Kraft ist in Dir, in mir und in jedem Menschen. Aber wenige nur kennen diese Kraft, und noch weniger wissen sich ihrer richtig zu bedienen.

Die meisten Menschen sind überrascht, sagst Du ihnen, daß unendliche Kräfte in ihnen schlummern, daß im Herzen eines jeden ein Funke des göttlichen Urfeuers lodert, daß jedem der Gedanke göttlicher Vollkommenheit zugrunde liegt, der beständig nach Offenbarung und Verwirklichung drängt.

Und doch ist es so: die Kraft in uns ist unendlich, denn sie ist göttlich; sie kann Dein Leben revolutionieren, wenn Du nur ihrer Gegenwart inne werden und ihr die Bahn frei machen würdest, damit sie sich durch Dich äußern und entfalten kann!

Die Kraft ist die gleiche wie jene zur Zeit der Wunder Christi. Das Gesetz, nach dem sie sich offenbart, hat sich nicht geändert.

Wer sein Denken und Leben mit diesem Gesetz in Harmonie bringt, wird von innen her beglückt, geheilt und mit allen Reichtümern des Lebens überschüttet, er bringt immer sichtbarer die Allvollkommenheit in seinem Körper, seinem Charakter und seinem Leben zur Offenbarung. Die Kraft ist immer die gleiche, einerlei, wie und wofür sie angewandt wird. Sie kann den Körper stählen, den Geist erhellen und die größten Erfolge ins Leben rufen.

Keiner, der sich auf die innere Kraft und die Weisheit des Ewigen in ihm verläßt, kann je fehl gehen: sein Leben wird eine immer vollendetere Widerspiegelung der unendlichen Fülle der Gottheit.

Kunst des Lassens

Um zu dem sorgenfreien Leben zu gelangen, von dem hier die Rede ist, müssen wir erkennen, daß es ein inneres Reich des Friedens und der Kraft gibt, bis zu dem es vorzudringen gilt.

Dieses innere Reich ist nicht nur eine Stätte absoluter Sicherheit, von hier aus vermögen wir auch den Lauf der Dinge in einer Weise zu bestimmen, die wir als ein Wunder empfinden.

Zu diesem inneren Reich der Kraft gelangen wir, wenn wir uns jeden Mühens, jeder Selbstquälerei, jeder gedanklichen Spannung enthalten.

Wenn wir bis zum Halse in allen möglichen Schwierigkeiten und Sorgen, Verwicklungen und Nöten stecken und nun trotzdem unser verzweifeltes und fruchtloses Mühen aufgeben, uns von allem lösen, unbesorgt in die Stille gehen, die Gegenwart Gottes in uns bejahen und alles andere aus unserem Bewußtsein entfernen, zieht der göttliche Friede in unser Herz ein und die Dinge, die uns bisher bestürmten, wandeln ihr Gesicht.

So paradox es klingt: in dem Augenblick, in dem wir meinen, daß notwendig und sofort etwas Besonderes geschehen müsse, kann gar nichts besseres geschehen, als daß wir ganz ruhig werden und die Kraft und Hilfe Gottes in uns bejahen. Darüber hinaus haben wir nichts zu tun. Die Bahn muß frei sein, damit Gott handeln kann.

Worauf es ankommt, ist also, daß wir uns so vollkommen entspannen, daß unser Bewußtsein in seiner Bewegungslosigkeit einem stillen Bergsee gleicht.

Wie ein See, dessen Oberfläche unbewegt daliegt, die Schönheit der umgebenden Berge und der Wolken am Himmel am vollkommensten widerspiegelt, so spiegelt unser Bewußtsein, wenn es gänzlich zur Ruhe gekommen ist, die Schönheit und Harmonie, die Vollkommenheit und Ordnung des Göttlichen wider.

Wenn wir uns ganz stille halten, so wie eine Blume stille hält, vereint sich unser Geist mit dem Allgeist und unsere Kraft mit der Kraft des Ewigen.

Einerlei, wie drängend unsere Sorgen, wie zahlreich und schwierig unsere Aufgaben sind — wenn unser Bewußtsein gänzlich zur Ruhe kommt, ordnet sich alles in unserem Leben und Beruf im Sinne der Allharmonie zu unserem Besten.

Was verwirrend kompliziert erscheint, wird einfach, was dunkel war, wird hell, und was unmöglich schien, offenbart sich als leicht erringbar.

Wohlgemerkt: all dies setzt eine gewisse seelische Reife voraus. Ein Anfänger auf dem Gebiet der inneren Arbeit, ein Neuling im Bereich des inneren Lebens ist nicht fähig, sich ohne Vorbereitung zu dieser Höhe hinaufzuschwingen.

Denn obwohl es sich leicht anhört, ist es doch eines der schwierigsten Dinge, uns vollkommen zu entspannen und so weit in das Reich der Fülle vorzudringen, daß wir mit dem Ewigen in lebendige Verbindung kommen. Die schicksalentscheidenden Waffen des Geistes werden keineswegs mühelos erlangt und niemandem unverdient in die Hand gegeben.

Ich sagte eben, daß es zu den schwierigsten Aufgaben des Höherstrebenden gehört, ruhig zu werden, stille zu sein, sich seines äußeren Ichs zu entledigen und sich gänzlich vom Bewußtsein der Gegenwart des Ewigen erfüllen zu lassen — unter vollständiger Loslösung von allen äußeren Wünschen und Befürchtungen, Neigungen und Bindungen.

Es ist deshalb schwierig, weil wir das Gefühl haben, daß etwas geschehen müsse. Wir meinen, daß, wenn wir nicht wenigstens um etwas bitten oder nach diesem und jenem streben oder uns um dies und jenes sorgen, etwas ungetan bleibe. Aber gerade bei diesem gänzlichen *Selbst-nichts-Tun und Gott-alles-tun-Lassen* bleibt nichts ungetan. Das müssen wir uns klar machen.

Wir haben nichts zu tun, als alles loszulassen, es dem Gott in uns zu überlassen und seiner Macht und Hilfe gewiß zu sein. Alle möglichen Sorgen und Ängste mögen unser Herz umkrallen und danach trachten, unsere Aufmerksamkeit auf sich zu ziehen, Befürchtungen und böse Ahnungen mögen uns überfallen und aufschrecken — wir haben nichts zu tun, als sie alle zurückzuweisen, sie zu übersehen und alles zu lassen, bis wir nichts mehr fühlen als die bewegungslose Gegenwart des Göttlichen.

Sind wir einmal so weit, daß wir uns vollkommen zu entspannen vermögen, still und gelassen und aller Sorgegedanken ledig sind, dann wird das Wunder geschehen und das unmöglich Scheinende Wirklichkeit werden!

Das geistige Leben ist eine endlose Kette von Paradoxien, und das eben Gesagte ist eine davon. Die schwierigste Aufgabe des geistigen Lebens ist die, stille zu werden, und gerade dies macht unser Leben einfach und leicht. Durch das Stillewerden überwinden wir die Not, lösen jede Aufgabe und nehmen jeder Furcht die Grundlage.

Jeder Furcht! Es ist wichtig, daß wir dieses Übel gänzlich ausrotten. Der beste Weg, alle Furcht zu besiegen, ist die ruhige Besinnung auf die Wahrheit, daß es in Wirklichkeit nichts gibt, was wir zu fürchten haben.

Überwinden wir die Furcht, dann ist in der Tat nichts mehr da, was uns schaden könnte, denn nichts vermag den zu berühren, der für Furchtgedanken unzugänglich ist.

Ich meine hiermit nicht die bloße Abwesenheit der Furcht, sondern vielmehr jene positive *Geborgenheits-Gewißheit,* jene aus Vertrauen geborene innere Sicherheit, die keine negativen Erfahrungen mehr an den Menschen herankommen läßt. Diese innere Sicherheit verwandelt eben die Dinge, die uns sonst ängstigen würden, in Segnungen.

Fürchten wir dagegen Mißerfolge, läßt eben unsere Furcht uns unwillkürlich Dinge tun, die es den Mißgeschicken leichter machen, an uns heranzukommen oder — was dasselbe ist — unsere Furcht macht uns unfähig, so zu handeln, daß wir Erfolg haben.

Befürchten wir bestimmte Gefahren, wird unser Handeln furchtbetont, was zur Folge hat, daß die ängstlich erwartete Gefahr leichter über uns hereinbrechen kann.

Die Überwindung der Furcht ist darum eine Notwendigkeit schon wegen der sichtbaren Vorteile, die die sieghafte Haltung im Leben unweigerlich mit sich bringt.

Wenn wir erkennen und darauf bauen, daß in uns eine Kraft ist, die stärker ist als alle äußeren Gegenmächte, und wenn die Gewißheit unserer Unbesiegbarkeit unser Bewußtsein restlos erfüllt, stirbt jede Furcht in uns, weil wir dann wissen, daß wir von der Allmacht getragen werden und nichts uns schaden kann.

Das Gute am Schlechten

Es gibt keine Übel!, das ist der Kerngedanke der befreienden Botschaft der Blumen und zugleich das Ergebnis unserer bisherigen Betrachtungen.

Mancher wird hier nun einwenden: »Das mag alles vom Standpunkt der Blumen oder des Philosophen aus richtig sein; aber für den im Alltag lebenden Menschen sind die zahlreichen Übel des Daseins so handgreiflich, daß ich mich notgedrungen mit ihnen auseinandersetzen muß.«

Hierauf ist zu antworten, daß die Schwierigkeiten und Nöte, mit denen der Mensch zu kämpfen hat, keine Übel im Sinne dieses Wortes sind, also Auswirkungen etwa einer feindlichen oder teuflischen Macht; sie sind vielmehr Begleiterscheinungen und notwendige Bedingungen des geistigen Fortschritts des Menschen.

Ohne Widerstände, ohne Erprobungen wäre ein Aufstieg des Menschen zu den Höhen des Lebens unmöglich. Was der Alltagsmensch als ›Übel‹ empfindet, sind also in Wirklichkeit Reizmittel zur Weckung und Entfaltung des Guten.

Es ist falsch, Schmerzen oder Mißgeschicke Übel zu nennen. Der Schmerz ist unser Freund, weil er uns Schwächen in unserem Körper rechtzeitig anzeigt und uns so vor dem vorzeitigen Verlust des Körpers bewahrt. Er sagt uns, wo Gefahr ist, wo wir die Gesetze der Natur verletzt haben.

Genau so sind Krankheiten Anzeiger unseres Abgeirrtseins vom goldenen Pfad des Lebens und der Kraft. Und Mißerfolge zeigen uns, recht gewertet, was wir zu tun oder zu lassen haben, um den Erfolg für die Zukunft zu sichern.

Wenn das Universum von unendlicher Weisheit und Liebe regiert wird, wenn alles im Leben gut ist — und das ist der Fall —, dann sind die Widrigkeiten, die uns begegnen, nicht Übel, sondern wohltätige Weisungen.

Jedes Abweichen von den Gesetzen der Harmonie und Fülle löst Erfahrungen aus, die das Heilmittel bergen, das uns auf den rechten Weg zurückführt. Nur der seelisch Unerwachte empfindet diese Erfahrungen als Übel; der Weise wertet sie als Helfer und folgt ihrer Lehre.

Wer viel Lebenserfahrung gesammelt und ein Gefühl für den inneren Sinn der Geschehnisse bekommen hat, bestätigt das geiche: daß das Leben uns nicht feindlich ist, sondern unendlich gütig, daß es keine böse Schicksalsmacht gibt, sondern nur die Macht des Guten, und daß die unerfreulichen Erfahrungen des Lebens nichts sind als Reizungen und Erprobungen unserer inneren Kräfte und Fähigkeiten. Sie erscheinen als Übel maskiert, solange der Mensch sich ihnen widersetzt, offenbaren sich aber als heimliche Hilfen und Segnungen, sowie er sich den Lehren, die sie vermitteln, willig aufschließt.

»Aber die namenlosen Leiden der Tiere!« wird ein Tierfreund einwenden. Auch hier liegt die Antwort auf der Hand: für die Tiere gelten die gleichen Gesetze wie für den Menschen.

Auf den niederen Entwicklungsstufen der Seele — und die Tierseele ist entwicklungsmäßig nicht so weit von der menschlichen entfernt, wie die meisten glauben; der Unterschied zwischen beiden ist keiner der Art, sondern nur einer des Grades — gelten die gleichen Entwicklungs-Gesetze und -Reize wie auf den höheren Stufen, und was die Tiere erfahren, kommt ihnen bei ihrem weiteren Fortschreiten zustatten. Auch ihre Seelen leitet das Leid unmerklich lichtwärts, menschwärts, gottwärts.

Mit dieser Feststellung sollen Tierquälereien, Vivisektionen und andere menschliche Erbärmlichkeiten in keiner Weise entschuldigt werden. Wer anderen Wesen Leid zufügt, ruft nach dem Gesetz des Ausgleichs unweigerlich solange gleiches und größeres Leid auf sich selbst herab, bis er gelernt hat, daß das oberste Gesetz allen Denkens und Handelns die Güte ist, das Allerbarmen, die Liebe.

Der Mensch hat die sittliche Pflicht, für seine schwächeren Brüder und Schwestern im Reiche des Lebens einzutreten, zu sorgen und die Hilflosen vor Leid zu beschützen. Wie kann er selbst Glück erwarten, solange er nicht das Seine für die Linderung der Not seiner stummen Brüder getan hat!

Der Mensch hat die Freiheit der Wahl; jede Freude, die er einem Schwächeren bereitet, jede Hilfe, die er ihm angedeihen läßt, kehrt als Beglückung, Segnung und Bereicherung tausendfach zu ihm zurück.

Das gleiche Gesetz gilt überall: um eigenes Leid zu lösen, müssen wir fremdes Leid lindern helfen. Es gibt keinen kürzeren Weg in die Freiheit. Es gibt auch kein besseres Mittel, um zu erfahren, daß hinter allem Geschehen die unendliche Weisheit und Güte des Ewigen waltet.

Jeder gute Gedanke, jede edle Tat enthebt eine unerfreuliche Erfahrung der Notwendigkeit, uns zu erproben und höher zu leiten. Wer von selbst vorwärtsschreitet, braucht nicht angetrieben zu werden. Auf seinem Wege fügen sich die Dinge wie von selbst zu seiner Beglückung zusammen.

Wenn ich meine Blumen frage, dann höre ich ihre zarten Stimmchen antworten:

»Wir Blumen würden vielleicht unsere Bestimmung vergessen, wenn nicht der Herbst wäre und der Winter, die uns mahnen, unser Bestes zu geben, damit wir, wenn wir wiederkommen, abermals aus der Fülle schöpfen und zu höheren Stufen des Seins aufsteigen können.

Ebenso würde wohl der Mensch bald einschlummern und seine hohe Bestimmung vergessen, käme nicht von Zeit zu Zeit der scharfe Wind der Not, um ihn aufzurütteln, und der Frost des geistigen Winters, der ihn nach der Wirklichkeit Umschau halten und auf einen schöneren Frühling hoffen läßt.

Die Zeiten der Not dienen in Wahrheit dem Besten der Wesen. Zudem birgt jede Not das Mittel zu ihrer Wende in sich und endet, sowie ihr Sinn erkannt, die durch sie aufgedeckte innere Disharmonie beseitigt und die unterbrochene Einheit mit dem Ewigen wiederhergestellt ist.

Wir entwickeln uns unaufhörlich aufwärts. Dieser Entwicklungsprozeß vollzieht sich in wundersamer Ordnung. Solange wir mit unserem inneren Wachstum willig Schritt halten, geht alles gut. Bleiben wir aber zurück, dann ziehen wir automatisch die Schwierigkeiten herbei, die uns am sichersten veranlassen, uns gerade dort weiter zu entwickeln und zu vervollkommnen, wo unsere Entfaltung ins Stocken geraten war.«

Eine dieser Schwächen, einer der häufigsten Irrtümer des Menschen ist der Glaube an den Mangel. In Wirklichkeit braucht kein Kind des Ewigen Mangel an irgendwelchem Guten zu leiden.

Wer diese Wahrheit einmal voll erkannt hat, der entdeckt, daß ihm tatsächlich nichts fehlt, was er zu seinem Glücke braucht. Diese Erkenntnis macht ihn frei von dem Auf und Ab der Angst und Sorge um die Mittel für den täglichen Lebensunterhalt, und damit wiederum hört er auf, an den Übeln zu leiden, für die Angst und Sorge ihn erst empfänglich machten.

Würden wir, nur dem Ewigen vertrauend, mutig auch das größte Abenteuer des Glaubens wagen — im Vertrauen darauf, daß der Ewige uns im rechten Augenblick seine helfende Hand reicht — dann brauchten wir die trüben Erfahrungen des Lebens entweder gar nicht oder nicht bis zum bitteren Ende durchzumachen.

Wer willig vorwärtsschreitet, bereit, jede Lehre des Lebens

zu befolgen, braucht nicht erst durch Enttäuschungen und Mißhelligkeiten angestachelt zu werden, den Ewigen zu suchen und die Fülle ausschließlich von ihm zu erwarten.

Wer in allem, was er tut, sich der steten Gegenwart des Ewigen bewußt ist, der erfährt, wie die Blumen, auch die unaufhörlichen Hilfen und Segnungen Gottes.

Haben wir Gott als unseren Befreier erkannt, können wir unbesorgt alle Schiffe hinter uns verbrennen; denn wir gleichen dann einem Baum, der am Wasser steht. Während die, die sich auf äußere Hilfen verließen, unter der Dürre und Not leiden, werden wir aus unausschöpfbaren Quellen gespeist. Wir erkennen dann, daß wir im Ewigen wurzeln, und nehmen teil am Leben der Gottheit und an ihrer Fülle.

Der Ewige in uns

»Recht gesehen« — raunen mir die Blumen weiter zu — »gibt es nur eine Quelle des Guten, und das ist Gott. Diese Quelle ist niemals auszuschöpfen. Die Güte des Ewigen nimmt nie ein Ende. Der kleinste Zweig eines Krautes ist so saftreich und voller Leben wie die ganze Pflanze. Sowie er aber abgeschnitten wird, hört die Saftzufuhr auf, der Zweig mitsamt seinen Blättern trocknet aus und verwelkt.

Mit dem Menschen ist es nicht anders: solange er an dem inneren Kraftstrom des Ewigen teilhat und sich mit dem Göttlichen eins weiß, erfährt er in einem fort die Hilfe des Ewigen und wird aus der All-Fülle gespeist. Sowie er sich aber vom Ewigen loslöst, versiegt seine Kraft und er verdirbt.«

Es gilt also, uns ständig der Gegenwart des Ewigen in uns und der Tatsache bewußt zu bleiben, *daß die Kraft des Ewigen in uns pulst* und auch das uns unmöglich Scheinende möglich machen kann.

Ja, der Ewige in uns ist fähig, größere Dinge zu wirken, als wir für möglich halten. Wenn der Mensch alles ›Menschenmögliche‹ getan hat und dabei Schiffbruch litt, es dann aufgibt und alles Gott überläßt, wirkt Gott das ›Unmögliche‹ und befreit den Menschen aus den Schwierigkeiten und Gefahren, die ihn auf allen Seiten hemmen und zurückhalten.

Wenn der Mensch, vom Schicksal getroffen, dennoch Gott vertraut, erhebt sich der Gott in ihm in seiner ganzen Größe und Macht und schlägt die Feinde in die Flucht. Gottes Stärke offenbart sich im Augenblick unserer Schwäche, so daß wir, dem Ewigen vertrauend, sagen können: Wenn ich am schwächsten scheine, bin ich am stärksten!

»Die göttliche Liebe« – fahren die Blumen fort – »hat Dich wie uns in der Vergangenheit getragen; sie trägt uns jetzt und wird uns immer und in alle Zukunft tragen und behüten.«

Was die Blumen damit sagen wollen, ist, daß jedes Kind des Ewigen für alle Zeit Gegenstand göttlicher Fürsorge ist. In dem Maße, in dem es sich dieser Tatsache bewußt wird, wird es vor Gefahren und Übeln behütet, gesund erhalten und mit allem versehen, was es braucht.

Wir tun darum gut, uns dem Ewigen anzuvertrauen in der Erkenntnis, daß wir ohne ihn nichts sind, mit ihm aber alles vermögen. Sind wir mit ihm in Harmonie, ist uns die Fülle und Vollkommenheit des Ewigen erreichbar. Nichts braucht der zu entbehren, der mit dem Unendlichen in Harmonie ist.

Wenn wir etwas fürchten oder in einer Sache nicht klar sehen, besinnen wir uns darauf, daß Gott unsere Kraft ist und uns führt – und die Lösung wird sich einstellen. Wenn unsere Verhältnisse schwierig und besorgniserregend sind, denken und handeln wir im Sinne der All-Harmonie – und die Mißhelligkeiten werden schwinden.

Der Ewige kann alles für uns tun und über unsere Wünsche und Vorstellungsvermögen hinaus alles wirken, was unserem Besten dient. Der Geist der Natur hat die Macht, entweder durch lange Entwicklungsprozesse des Lebens oder aber plötzlich und unmittelbar, in einem Augenblick, das zu schaffen, was wir jeweils benötigen.

Brauchen wir Schutz? Eine Legion Engel eilt herbei, uns zu helfen, wenn wir der Fürsorge des Ewigen vertrauen. Brauchen wir Geld oder Nahrung? Es wird uns in Fülle gegeben, wenn wir Vertrauen haben. Brauchen wir Gesundheit und Kraft? Beides kann uns werden — durch die Kraft Gottes, die in uns wirkt.

Blicken wir nach innen, finden wir alles, was wir brauchen; denn in uns ist Gott in seiner ganzen Kraft und Fülle.

In uns ist die Kraft — nicht die Kraft der vergänglichen Persönlichkeit, die schwach ist und den Rahmen des beschränkten Sinnenlebens nicht zu überschreiten vermag, sondern die Kraft des Unendlichen.

An jedem Punkte des Alls steht diese Kraft der vertrauenden Seele uneingeschränkt zur Verfügung; eben durch ihr gläubiges Vertrauen entfesselt sie die Fülle der Kraft.

*

»Das Leben« — belehren die Blumen mich weiter — »will immer nur unser Bestes. Es ist ständig am Werke, uns zu veredeln und uns immer bessere Dinge zuzuführen. Es hat uns allen ein hohes Ziel gesetzt, das wir um so klarer erkennen, je williger wir uns vom Leben leiten lassen.

Folgen wir dem Ruf des Lebens, stehen wir unter göttlichem Schutz und alle unsere Wünsche erfüllen sich von selbst.

Das Leben ist vollkommen. Ihr Menschen erst schafft Unordnung, Disharmonie und Übel, weil Ihr mit dem Geist der Natur nicht im Einklang seid. Ihr wollt, daß das Leben sich Eurem Willen unterordne, und erkennt nicht, daß Ihr eben durch diese falsche Einstellung Euer Dasein immer glückärmer macht.

Lernt Ihr dagegen, dem Ewigen zu vertrauen und Euren Willen dem seinen gleichzurichten, dann ist es dem Geist der Natur möglich, auch Euch auf den Weg der Fülle zu führen, auf dem Ihr zu wachsender Harmonie und Vollkommenheit gelangt.

Gleichwie wir Blumen täglich durch die Entfaltung unserer Schönheit den Ewigen anbeten, solltet auch ihr Menschen Eure Herzen und Eure Liebe Gott darbieten und zu ihm sprechen:

Unendlicher Geist des Lebens! Deine Liebe erfüllt uns, Deine Kraft trägt und erhält uns, Deine Weisheit leitet uns!

Deiner Gegenwart, unendliche Kraft des Lichts und der Liebe, sind wir uns bewußt. Weil Du uns näher bist als der Atem, wissen wir uns mit Dir an jedem Ort und zu jeder Stunde eins.

Weil Du in uns bist als unser Helfer und Freund, ist alles, was wir tun, nichts als Erfüllung Deines Willens. Was immer wir wirken, wirken wir um Deinetwillen. Unser einziges Verlangen ist, Dir immer ähnlicher zu werden.

Was wir zum Leben brauchen, erwarten wir von Dir. Du bist die einzige Quelle alles Guten und gibst uns alles, dessen wir bedürfen.

Brauchen wir Führung und Gewißheit, leitet uns Deine Weisheit. Fühlen wir uns schwach, strömt Deine Kraft in uns auf. Bedrängt uns die Not, bringt die Gewißheit Deiner Gegenwart alle Schwierigkeiten zum Schwinden und aller Aufgaben Lösung wird uns offenbar.

Weil Du in uns bist und wir in Dir geborgen sind, kann kein Übel uns erreichen. Denn wo Du bist, kann nur Gutes herrschen. Mit Dir vereint, sind wir in unendliche Liebe ein-

gebettet, die uns trägt und lichtwärts leitet. Wir danken Dir, Du unendlicher Geist der Liebe, für Deine immerwährende Hilfe!«

In dem Maße, in welchem wir in Harmonie mit dem Ewigen denken und leben, werden wir der göttlichen Freiheit teilhaftig. Diese Freiheit besteht im Freisein von Furcht und Gefahr, von Armut und Not, von Krankheit und Ungemach.

Viele meinen noch, sie könnten diese Freiheit finden, indem sie Berge von Büchern verschlingen oder sich allen möglichen Sekten anschließen oder diesen und jenen Bekenntnissen folgen. Aber in Wahrheit finden sie die Freiheit nur, indem sie den Ewigen in ihrem eigenen Innern suchen und finden und ihren Willen gänzlich mit dem seinen vereinen.

V. ERST IM UNSICHTBAREN, DANN IM SICHTBAREN

»Suchst Du das Höchste, das Größte?
Die Pflanze kann es Dich lehren.
Was sie willenlos ist,
sei Du es wollend – das ist's!

Schiller.

Eine Blume empfängt alles, was sie zu ihrer vollkommenen Entfaltung braucht, unmittelbar aus der Hand des Ewigen. Der sanfte Regen erquickt und wäscht sie, und wenn der Himmel wolkenlos ist, erfrischt kühler Tau ihre Blätter und Blüten.

Sie lebt ein Leben wahrhafter Fülle; wenn am Morgen die Sonne aufgeht, ist die Blume mit glitzernden Diamanten übersät, jeder Tautropfen ist eine kleine Welt, eine Miniatursonne, die das Licht zurückstrahlt, das ihr von der Gottheit her zuströmt. Gott in den Blumen – Gott in den Tautropfen . . .

Wie können Menschen morgens liegen bleiben und die schönsten und reichsten Stunden des Tages verschlafen, statt sich in die unbeschreibliche Schönheit zu versenken, die die Natur in jeder Morgendämmerung von neuem über ihre Kinder ausstreut!

Die Blume empfängt alles, dessen sie bedarf. In dem Boden, in dem sie wächst, sind alle Stoffe enthalten, die sie außer Licht, Luft und Wasser benötigt. Alle Elemente finden sich in Spuren im Boden, Mutter Erde versieht ihre Kinder mit all der mannigfachen Nahrung, die sie brauchen. Und dann rinnt der sanfte Regen segenträchtig vom Himmel herab, dringt in die Erde ein, bringt die Nahrung der Blumen zur Lösung und trägt sie heran an die hungrigen Wurzeln.

So werden alle die Stoffe herbeigeschafft, aus denen die Blume ihre Schönheit webt. Ihr Liebreiz fällt nicht aus den Wolken auf sie herab; sie muß ihn von innen heraus zur Entfaltung bringen. Wenn die Blume ihre herrlichsten Reize offenbart hat, kommt dieser Erfolg nicht von außen, sondern *von innen*. Auch wird ihre Schönheit nicht ohne Anstrengung entwickelt, vielmehr ist ihr Leben ein ständiges Mühen und Streben. Von dem Augenblick an, da die Saat dem Boden anvertraut wurde, muß die kleine Pflanze kämpfen und unermüdlich tätig ein, um sich, ihr inneres Wesen, immer vollkommener zu offenbaren.

Alle die Stoffe, die Regen und Tau, Licht und Luft im Boden freimachen, wären nutzlos, wenn die Pflanze nicht ununterbrochen von ihnen den zweckmäßigsten Gebrauch machen würde. Keine Vervollkommnung also ohne entsprechende Anstrengung, keinen Sieg ohne vorausgehende Kämpfe!

Nun ist die Schönheit, die wir über der Erde sich entfalten sehen, die Wirkung von etwas, das sich unter der Erde vollzogen hat. Wären die unsichtbaren Wurzeln nicht und ihre unermüdliche Arbeit, dann wäre keine Blume, kein Blatt, keine Schönheit da. Von nichts hängt das Leben der Blume mehr ab als von der Arbeit ihrer Wurzeln, deren zarte Fasern sich ständig ausbreiten und in Mutter Erde nach Nahrung tasten.

Bevor sie sich sichtbar offenbaren kann, muß die Pflanze also zuerst im Unsichtbaren tätig sein. Je eifriger sie unter der Erdoberfläche schafft, desto höher erhebt sie sich über den Boden.

Das Maß der Schönheit, die eine Blume entfaltet, zeigt ebenso wie ihre Größe an, in welchem Umfang sie im Unsichtbaren arbeitet. Ohne diese Arbeit im Unsichtbaren besäßen die Stengel und Blätter der Blume keine Widerstandskraft, und keine ihrer herrlichen Blüten würde unser Auge entzücken.

Was von der *Blume* gilt, gilt entsprechend vom *Menschen.*

Der Grund, warum der Mensch so schwach und hilflos und sein Leben zumeist so arm an Schönheit und wahrhaften Erfolgen ist, liegt darin, daß er ausschließlich im Sichtbaren tätig ist und das größere Lebensreich des Unsichtbaren außer acht läßt. Er strebt ständig in der Welt der Wirkungen und übersieht die größere Welt der Ursachen.

Von wenigen Ausnahmen abgesehen, lebt der Mensch gänzlich im Reich der Sinne. Durch die materielle Richtung seiner Gedanken schneidet er sich selbst von den unsichtbaren Kraftquellen ab. Darum ist sein Leben so arm und elend, so unschöpferisch und häßlich.

Er ist stolz auf seinen Intellekt und tritt doch die Natur mit Füßen, wo immer er geht. Statt sich über die feenhafte Natur mit ihren unbeschreiblichen Schönheiten, ihren berückenden Zauber zu erfreuen, über den Gesang der Vögel, über die Bäume und Sträucher und die süßen Düfte der Blumen, verurteilt der Mensch sich und seinesgleichen dazu, sein ganzes Leben in lichtarmen Wohnhöhlen zu verbringen.

Alle Not, die die Erde schändet, ist das Werk des wahnumfangenen Menschen, der sich durch sein disharmonisches Denken und Streben vom Ewigen entfernt und losgelöst hat. Es ist das Ergebnis seines ausschließlichen Lebens im Dämmerreich der Sinne, jenseits des inneren Lebens des Geistes, seiner Gewohnheit, nur seinen Sinnen zu vertrauen, statt auf die innere Stimme des Ewigen zu lauschen.

Er gleicht einer Pflanze, deren Wurzeln zerstört sind, so daß sie nicht mehr imstande ist, Blüten hervorzubringen, weil sie die Nahrung, die sie zu ihrer Höchstentfaltung braucht, nicht mehr aus der Erde zu ziehen vermag.

Der Mensch wirkt nicht im Unsichtbaren, darum wird nichts, was er im Sichtbaren schafft, vollkommen. Sein Leben ist verkümmert, zwerghaft entartet und erfolgarm geworden.

Anstelle der Schönheit und harmonischen Entwicklung sind Häßlichkeit und Zerstörung die beherrschenden Elemente seines Daseins geworden, weil er das innere Leben außer acht ließ oder gar verneinte. Gerade im inneren Leben des Geistes aber liegen die Keime aller kommenden Schönheit, aller großen Fortschritte, aller wahrhaften Erfolge im äußeren Leben. Nur in seinem eigenen Innern findet der Mensch jene Fülle der Kraft, der Weisheit und der Einsicht, die sein Leben erhabener und vollkommener macht. Nur von innen her vermag er die nötigen Kräfte zur Erreichung hoher Ziele und dauernder Erfolge zu gewinnen.

Sieh Dir für einen Augenblick das Leben eines Durchschnittsmenschen an, der von der inneren Kraftquelle nichts weiß:

Als erstes fehlt ihm Weisheit.

Statt sich von der Wahrheit leiten und auf den Weg des Erfolges führen zu lassen, stolpert er blind und unwissend durchs Dasein.

Er glaubt, dadurch, daß er viel Geld verdient, glücklicher zu werden, und entdeckt schließlich zu seinem Entsetzen, daß, wenn er Geld genug hat, das Glück ihm ferner denn je ist. Wenn er im einen Erfolg hat, verfolgt ihn das Unglück auf einem anderen Gebiete. Kaum hat er ein Übel überwunden, stellt sich ein anderes ein.

Er schwingt sich, beispielsweise, von der Armut zum

Reichsein auf; inzwischen aber wird sein Heim eine Stätte der Zwietracht, des Siechtums oder der Krankheit. Statt sich seines Besitzes zu erfreuen, muß er sein Geld für teure Operationen und Konsultationen berühmter Spezialisten ausgeben, und die Sorgen und Ängste nehmen kein Ende.

Ihm geht auf, daß ein armer Mann, der gesund ist und eine gesunde Familie hat, im Grunde besser daran ist als er. Und so geht es weiter, ohne daß es ihm gelingt, sein Leben leidfrei zu machen; die Übel wechseln lediglich ihre Form.

Und im Angesicht der zahllosen Probleme, die das Leben ihm stellt, hat er niemanden, der ihn führen und ihm den rechten Weg zeigen könnte. Er hört keine Stimme, die ihm sagt: »Hier, diesen Weg mußt Du gehen«, er hängt ganz von seinen Sinnen und ihrer Blindheit ab und von den zweifelhaften Ratschlägen anderer Menschen, so daß er sich zumeist falsch entscheidet und das Unzweckmäßigste tut.

Als zweites fehlt ihm Einsicht.

Alle Einsicht erfließt aus Innenschau. Man muß zuerst in sich hineinsehen, bevor man der Inspiration des Geistes teilhaftig werden kann. Die Einsicht entspringt den Tiefen der Seele; aber sie kommt denen nicht zum Bewußtsein, die ganz an die äußeren Sinne hingegeben sind.

Von den großen Erfolgsmenschen wissen wir, daß sie die Gewohnheit haben, sich zeitweise in die Einsamkeit zurückzuziehen, um neue Inspirationen von innen her zu empfangen. Die meisten von ihnen kennen wahrscheinlich kaum die Gesetze, die sie sich hierbei dienstbar machen; aber instinktiv verhalten sie sich richtig, gehen in die Stille und lauschen der inneren Stimme, die ihnen sagt, was sie wissen und beachten müssen, um sich recht zu entscheiden und richtig zu handeln.

Der Durchschnittsmensch aber bildet sich ein, daß er ohne diese Hilfe auszukommen vermag, deren sich die Größten aller Zeiten mit Erfolg bedient haben und die sie als unentbehrlich erkannten; er lebt infolgedessen ganz im Dämmerreich der Sinne, und seine Erfolge sind unbefriedigend.

In Wirklichkeit ist es kein Wunder, daß Einsicht und dauernde Erfolge ihm fernbleiben, daß auch seine äußersten Anstrengungen kein lebendiges Echo in den Herzen anderer wachrufen, daß die Welt ihn übersieht; denn wer nicht selbst von innen her inspiriert ist, der vermag auch andere nicht zu inspirieren und zu begeistern.

Er wundert sich, warum wohl trotz seiner gewaltigen Bemühungen sein Werk so mittelmäßig und durchschnittlich, so unbedeutend und erfolgarm bleibt — und dabei liegt die Antwort so nahe . . .

Als drittes fehlt ihm Kraft.

Durch sein disharmonisches, ichsüchtiges, gänzlich nach außen gerichtetes Denken entfernt der Mensch sich immer weiter von der göttlichen Kraftquelle in seinem Innern.

Er verläßt sich auf seine schwachen und beschränkten äußeren Kräfte, statt sich mit der Kraft in ihm und mit den unbegrenzten Energiequellen des Alls zu verbünden. Infolgedessen geschieht alles, was er tut, unter namenloser Anstrengung und mühevollem Plagen, und wenn er mit der Arbeit fertig ist, war sie die Schinderei nicht wert.

Die wirklichen Fortschritte in der Welt, die die Mühe lohnten, weil das Gewonnene von Dauer war, waren Früchte geistiger Einsicht und Inspiration. Alle großen Errungenschaften, die ihre Schöpfer um Jahrhunderte oder Jahrtausende überlebten, waren Ergebnisse der Hingabe an erhabene Ideale.

Und diese großen Ideale entsprangen dem Geiste, sie haben sich, durch das Vertrauen angelockt, aus den Tiefen der Seele ans Licht des Alltags gewagt. Sie sind Früchte göttlicher Inspiration.

Es ist somit begreiflich, daß das Leben des Durchschnittsmenschen zumeist unerfreulich und arm an wirklichen Erfolgen ist; denn er hat sich selbst aus dem göttlichen Grund herausgelöst, in dem er ursprünglich wurzelte, und sich von den Urquellen der Kraft, Einsicht und Weisheit entfernt.

Bevor er etwas erreichen kann, was wirklich der Mühe wert ist, muß er es den Blumen gleichtun und zuerst im Unsichtbaren wirken, um von dorther die unendliche Fülle an sich zu ziehen.

Gerade so, wie die Schönheit einer Blume vom Wachstum und von der Arbeit ihrer Wurzeln abhängt, so hängen Leben, Glück und Erfolg des Menschen von seinem inneren Wachstum und von seiner Arbeit in der Stille ab.

Der Schlüssel zum Glück

Jeder Blume liegt unsichtbar ein Ideal, ein göttlicher Gedanke zugrunde; und ein unaufhaltsamer Trieb ist in ihr lebendig, der sie danach streben läßt, diesem in ihr angelegten Ideal immer ähnlicher zu werden.

In gleicher Weise liegt dem Menschen ein Gedanke Gottes, ein Ideal zugrunde, und die All-Kraft ist immerfort bemüht, sich immer vollkommener in ihm und in seinem Leben zu offenbaren.

Aber ehe er nicht in die Stille geht und nach innen lauscht, vernimmt er nicht die Stimme der Weisheit, noch gewahrt er den göttlichen Drang, der ihn danach streben heißt, dem Ideal immer ähnlicher zu werden.

Wenn dies auf den Durchschnittsmenschen zutrifft, so gilt es nicht minder von jenen, die bewußt und planmäßig den Erfolg erstreben.

Manche von ihnen leben noch in dem Wahn, daß sie gewissermaßen ›etwas für nichts‹ bekämen. Die neugeistige Lehre von der All-Fülle verleitet manche noch allzusehr an der Oberfläche haftenden Menschen dazu, sich einzubilden, daß, wenn sie sich gelegentlich auf ein paar positive Gedanken konzentrieren oder ihrem Unterbewußtsein hier und da einige Selbstbefehle erteilen, sie sehr rasch in eine Art Schlaraffenland versetzt würden.

Das ist ein tragischer Irrtum. Nichts wird ohne entsprechende intensive und beharrliche Selbstbemühung erreicht. So manche Glücksucher haben das eine oder andere Neugeistbuch gelesen, und doch gelingt es ihnen nicht, den Erfolg, das Glück oder die Gesundheit so heranzuziehen, wie sie es wünschten. Der Grund ist ein sehr einfacher:

Sie begnügen sich mit der rein verstandesmäßigen Erfassung der Grundzüge rechten Denkens, statt ernstlich nach dem Reich Gottes in ihnen zu suchen und die Kraft in ihnen zu finden und zu betätigen. Nur durch ehrliches, hingebungsvolles und vertrauendes Streben im unsichtbaren Reich der Ursachen ermöglichen wir die Verwirklichung des innerlich Bejahten im äußeren Leben.

»Trachtet zuerst nach dem Reiche Gottes, dann werden Euch alle übrigen Dinge von selbst zufallen.« Dieses Wort ist heute so wahr wie einst, als es gesprochen wurde, obwohl die wirtschaftlichen Zusammenhänge heute tausendmal verwickelter sind als vor zweitausend Jahren.

Das Maß der Erfolge, die wir im äußeren Leben erreichen, ist stets proportional der Menge an Zeit, die wir dem inneren geistigen Leben widmen.

Hier, in seinem Innern, liegt der *Schlüssel zum Glück*.

Wenn der Mensch das innere Zentrum seines Wesens findet, entdeckt er, daß er über gewaltige schöpferische Kräfte verfügt und daß, was immer er im Unsichtbaren bejahend aufbaut, bald im Sichtbaren Wirklichkeit wird.

Die Entfaltung und rechte Nutzung dieser schöpferischen Innenkraft will nun in entsprechendem ernstlichen Bemühen gelernt sein. Die Errichtung des inneren Urbildes, des geistigen Gerüstes eines erstrebten Dinges oder Zustandes erfordert geistige Aktivität, geduldige Ausdauer und unermüdliche Konzentration der Gedanken.

Aber diese Mühe macht sich hundertfach bezahlt. Denn wer für die Verwirklichung eines Ideals die rechten Vorbereitungen im Unsichtbaren trifft, dem fallen nachher im äußeren Leben wachsende Erfolge zu, ohne daß er sich scheinbar anzustrengen braucht, und er vermag vor allem das flüchtige *Glück* besser zu halten und wird bei alledem kein Sklave seiner Erfolge.

Manche klagen nun: »Ich weiß nicht, woran es liegt — ich bejahe den Erfolg und erreiche trotzdem herzlich wenig und gelange nicht zu den besseren Verhältnissen, nach denen ich mich doch sehne.«

Das ist ein treffliches Beispiel des Wertes verstandesmäßiger Bejahung ohne gleichzeitiges inneres Verstehen und entsprechendes schöpferisches Wirken im Unsichtbaren.

Die rein intellektuelle Bejahung des Erfolges ist gut, aber fruchtbar wird diese äußere Bejahung erst, wenn ihr die *innere Bejahung*, das schöpferische Wirkenlassen der Innenkraft auf den Erfolg hin, vorausgeht.

Dieses gläubige innere Bejahen bringt unser Leben erst in volle Harmonie mit dem Willen des Ewigen, mit dem Ideal, das in uns angelegt ist und seiner Verwirklichung entgegenharrt.

Auf dieses innere Gewiß-Sein und die innere Verwirklichung, das geistige Bauen des ersehnten Erfolges, kommt es entscheidend an — also auf das Wirken im Unsichtbaren, wie es beispielsweise in der *Meditation* stattfindet.

Frage einmal diejenigen, die sich über allzuwenig Erfolge beklagen und darüber, daß ihren Gedanken offenbar die Kraft der Verwirklichung fehlt, wieviel Zeit sie täglich für die Meditation, das In-die-Stille-Gehen aufwenden, und Du wirst von ihnen bestätigt bekommen, daß sie dafür wenig oder gar keine Zeit übrig haben.

Frage dagegen einen der wirklich Erfolgreichen, wieviel Zeit er der Selbst- und Kraft-Besinnung in der Stille widmet, und Du wirst entdecken, daß er einen beträchtlichen Teil seiner Zeit hierfür verwendet.

Erst kürzlich erlebte ich den Fall, daß eine Frau, die das Wesen des neuen Geistes wirklich erfaßt hat, täglich regelmäßig eine Stunde dieser Sammlung, Selbstbesinnung und Meditation widmet mit dem Erfolg, daß alle Dinge in ihrem Leben sichtbar auf die Verwirklichung des von ihr Ersehnten zustreben mit einer Sicherheit und Hurtigkeit, die fast unheimlich anmutet.

In Wirklichkeit ist an diesem Vorgang rascher Verwirklichung des Ersehnten nichts Unheimliches. Denn vom Maß der Zeit, die dem Wirken im Unsichtbaren in rechter Weise gewidmet wird, und vom Umfang und der Kraft bejahender Gedanken, die im Innern gehegt werden, hängen sowohl Menge und Qualität der äußeren Erfolge einerseits wie die Geschwindigkeit andererseits ab, mit der die Erfolge äußerlich sichtbar hervortreten.

Es ist also gar nicht verwunderlich, daß diese Frau feststellen konnte, wie überraschend schnell sich die Dinge und Verhältnisse ihrem Wunsche entsprechend wandelten, wenn wir bedenken, daß selbst ein paar Minuten, die etwa morgens und abends in rechter Weise im Unsichtbaren, in der Stille zugebracht werden, sehr bald das ganze Leben umgestalten.

Große Wirtschaftsführer, Männer mit Weitblick und Tatkraft, die Geschicke ganzer Nationen leiten, beten vielleicht nicht in der Weise, wie die Kirchen es lehren; aber bewußt oder unbewußt tun sie, in der Stille, etwas ähnliches, indem sie ihr ganzes Denken und Fühlen auf ihre Ideale konzentrieren.

Sie ziehen sich zeitweise zurück und besinnen sich in ungestörter Ruhe auf sich selbst und ihre Ziele, und wenn alle Quellen verstandesmäßigen Denkens und Überlegens erschöpft sind, lassen sie den Gegenstand ihrer Sorge los und überlassen sich der Inspiration von innen her.

In diesem Augenblick handeln sie genau so, wie die neugeistige Lebensweisheit es uns lehrt: sie überlassen ihre Sorgen dem inneren Berater und lauschen auf die innere Stimme, die ihnen sagt, was sie zum eigenen Bestehen und zum Wohle aller zu tun haben.

Es ist in jedem Fall der gleiche Prozeß, für den die Menschen so viele Namen haben: immer verläßt sich der Mensch hier auf die *Kraft in ihm* und auf den *inneren Führer*, der mit dem Geist der Natur eins ist und Antwort weiß auf alle die Fragen und Probleme, die das Leben aufwirft und deren Lösung der Verstand vergeblich sucht . . .

Die Wurzeln einer Blume sind immer an der Arbeit. Unaufhörlich ziehen sie Nahrung aus der Erde, die die Blume in Schönheit und Liebreiz verwandelt. In gleicher Weise vermag der Mensch durch Gedankenzucht und Meditation seine Seele so zu erziehen, daß sie in steigendem Maße aus den inneren Kraftquellen schöpft und die Kraft des Ewigen auch im äußeren Leben zur Offenbarung bringt.

Im gleichen Umfange tritt alsdann im Leben des Men-

schen die Schönheit an die Stelle des Häßlichen, die Liebe an die Stelle des Hasses, die Harmonie an die des Zwiespalts, das Glück an die des Leides und die Ordnung an die des Zufalls.

Das Gesetz des Lebens

Es gibt keinen Zufall im Weltall, alles ist Folge von Gesetzen. Der alte Aberglaube, man könne eine erzürnte Gottheit durch Sühneopfer versöhnen und günstig stimmen, war eine Folge der Nichterkenntnis des göttlichen All-Gesetzes.

In Wirklichkeit unterliegen Leben und Geschehen unveränderlichen Gesetzen, in Wahrheit herrscht im ganzen All das Gesetz ausgleichender Gerechtigkeit. Wir können uns nicht die Gunst der Gottheit erschleichen; wir müssen auf unseren eigenen Füßen stehen, und wir ernten immer genau das, was wir säen.

Es ist ein Glück für uns, daß das Universum von unwandelbaren Gesetzen und mit unbestechlicher Gerechtigkeit regiert wird. Die Gesetze des Lebens ändern und irren sich nie und hören keine Sekunde auf zu wirken. Wir müssen darum nur mit ihnen in Harmonie sein und handeln, um mit absoluter Sicherheit gute Resultate zu erzielen.

Solange ein Mensch das Gesetz des Lebens mißachtet oder ihm entgegenarbeitet, ist sein Leben voller Mißhelligkeiten und Widrigkeiten, Übel und Fehlschläge. Und nirgends findet er Sicherheit: zeitweise werden die Dinge glatt gehen und er wird sich für ›glücklich‹ halten, und dann plötzlich kommen Sorgen und Mißgeschicke knüppeldick, und er wird sich für den ›unglücklichsten aller Menschen‹ erklären.

Wenn er aber lernt, das Gesetz des Lebens zu beachten und in Harmonie mit ihm zu wirken, dann beginnt er, ganz bestimmte Ergebnisse zu erzielen.

Zwar wird er noch nicht ohne weiteres fähig sein, vorauszusagen, welche Form diese Ergebnisse seines rechten Denkens und Handelns annehmen werden; aber er wird mit absoluter Sicherheit wissen, daß nur Gutes sich in seinem Leben offenbaren wird als notwendige Folge seines rechten Denkens und Verhaltens im unsichtbaren Reich der Ursachen.

Er weiß des weiteren nicht, *wann* die Resultate seines Wirkens zum Vorschein kommen werden; wohl aber weiß er mit absoluter Sicherheit, *daß* sie eintreten werden.

Es mag jemand jahre- oder jahrzehntelang an einer körperlichen Schwäche oder Krankheit gelitten haben und dieses Leiden mag trotz zahlreicher Konsultationen berühmter Ärzte und Quacksalber nicht im geringsten besser geworden sein. Wenn dieser Mensch sein Denken und sein Leben in Harmonie bringt mit dem Ewigen und Tag für Tag in seinen Gedanken und Taten die Gesetze des Lebens befolgt, kann er gewiß sein, daß sein Leiden mit jedem Tage besser wird.

Der tägliche Fortschritt mag gering und zunächst kaum zu spüren sein, aber er ist dennoch eine Fortbewegung in der rechten Richtung, und die kleinen Fortschritte summieren sich schließlich zu sichtbaren Erfolgen. Eines Tages ist der Kranke wieder restlos gesund.

Nicht anders liegt der Fall bei unseren äußeren Verhältnissen und Schicksalen: wir vermögen uns mit dem Unendlichen in Harmonie zu bringen und dadurch, daß wir Tag für Tag durch rechtes Denken und Tun vom Reich der Ursachen her zielstrebig wirken, immer bessere und vollkommenere Verhältnisse und eine harmonischere Umgebung zu schaffen.

Solange wir dem Gesetz des Lebens folgen und in der Stille, im Reich des Unsichtbaren, in schöpferischer Bejahung des erstrebten Guten aufbauend wirken, solange werden sich die entsprechenden Resultate anbahnen und schließlich in unserem äußeren Leben offenbaren.

Das erwartete Ergebnis muß und wird eintreten; die Kraft, die das gläubig Bejahte herbeizieht, wirkt ohne Aufhören; Gott läßt uns nicht im Stich.

Es ist gänzlich bedeutungslos, wie negativ, arm oder unglücklich, wie krank oder schwach ein Mensch ist oder wie erfolglos er bisher war – wenn er nur Tag für Tag mit unermüdlicher Ausdauer richtig denkt und dem Gesetz des Lebens entsprechend handelt, auch wenn sich nicht sofort sichtbare Erfolge zeigen, muß und wird er Erfolg haben, so sicher wie am Morgen die Sonne aufgeht.

Ich weiß heute, daß, wenn ich das Gute in rechter Weise bejahe oder in stillem Gebet um sein Kommen bitte, ein Fehlschlag unmöglich ist. Der Erfolg stellt sich mit mathematischer Genauigkeit ein; denn das Gesetz von Ursache und Wirkung ist unfehlbar, vollkommen und absolut zuverlässig.

Wenn ich richtig denke, das Gute gläubig bejahe und meiner Bejahung entsprechend handle, kann nur Gutes zu mir kommen. Es mag nicht immer die Form annehmen, die ich vielleicht erwarte; immer aber ist es das denkbar Beste für mich – im Lichte der unendlichen Weisheit des Ewigen gesehen.

Im Grunde hängt alles vom Vertrauen und vom Selbst-Vertrauen ab. Gerade der Mangel an Selbstvertrauen ist die Ursache des Mißerfolges so vieler. Sie besitzen Fähigkeiten aller Art, haben Ehrgeiz und gute Ideen – aber ihnen fehlt der nötige Glaube an das Gute und das Vertrauen in ihre eigenen Kräfte und ihr Vermögen, Erfolg zu haben, also jene Eigenschaften, die die Erfolgsmenschen auszeichnen.

Erfolgreiche Menschen besitzen ein ausgeprägtes Selbstvertrauen. Ich habe noch nie einen Erfolgsmenschen kennengelernt, der nicht immer und unbedingt an sich selbst glaubte, wie ich andererseits noch nie einem Pechvogel begegnet bin, dem nicht gerade diese Kraft des Selbstvertrauens auffällig abging. Was würden alle diese Unglücklichen geben, könnten sie zum Selbstvertrauen gelangen.

Nun, es gibt ein Mittel, Selbstvertrauen zu entwickeln und alle Lebensfurcht auszutreiben. Es ist das rechte Denken, wie es hier gezeigt wird. Wird dieser Weg beschritten, lernt der Sucher bald die Fülle seiner wunderbaren seelischen und geistigen Kräfte kennen, und Schritt um Schritt beginnt er, sie zu erziehen und erfolgbringend anzuwenden.

Und hat er einmal erkannt, daß er über unausschöpfbare Kraftquellen verfügt, erwacht und blüht in seiner Seele die Blume des Selbstvertrauens, der Erfolgsgewißheit und des Glaubens an seine Innenkraft. Statt sich zu fragen: »Werde ich es auch können?« bekennt er jetzt zuversichtlich und sieggewiß: *»Ich kann es!«* und geht mutig daran, es zu tun.

Der Erfolgsmensch glaubt an sich selbst und hat eben deshalb Erfolg. In gleicher Weise vertraut der Jünger des Neuen Geistes der grenzenlosen Macht des All-Geistes, die er, durch rechte Nutzung seiner Gedankenkräfte, zu Hilfe ruft und deren er sich zur Meisterung seines Lebens bedient.

Darüber hinaus beachtet und befolgt er die Gesetze des Lebens, vor allem das Gesetz von Ursache und Wirkung, und vermeidet eben dadurch, Fehler und Irrtümer zu begehen, die Menschen mit geringerer Kenntnis der Lebensgesetze zu Fall und ihr Lebensschiff zum Scheitern bringen.

Die Kenntnis der Wahrheit und die Meisterung der Praxis rechten Denkens verjagt nicht nur alle Furcht und löst wachsendes Selbstvertrauen aus, sie bringt auch jene Einsicht und Übersicht zur Entfaltung, mit deren Hilfe das Leben zu wachsenden Erfolgen und zu unausschöpfbarer Fülle hingelenkt wird.

Wenn ein Mensch sich seiner Einheit mit dem Unendlichen bewußt wird, wird er keine Furcht und keinen Mangel an Selbstvertrauen mehr leiden, denn er weiß dann, daß alle göttlichen Kräfte auf seiner Seite stehen, ihm zu dienen suchen und seinem Willen, der eins ist mit dem Willen des Ewigen, gehorchen.

Seine Füße stehen auf der Erde, aber sein Geist ruht in Gott, und in seinem Herzen pulst die Gewißheit der Gegenwart grenzenloser All-Kraft und All-Macht.

Geheimnis des Reichtums

Wahrer Erfolg besteht nun keineswegs in der Anhäufung großer Reichtümer. Wahrhaft erfolgreich sein heißt über so viel Herr sein, als man braucht, um ohne Sorgen zu leben, und doch von der friedlosen Last des Reichseins frei sein. Der Weiseste ist der, der weiß, wann er genug und nicht zu viel hat, weil zu wenig qualvoll ist und zu viel eine Quelle immer neuer Sorgen und Verantwortungen.

Vielleicht wird einer hier die Frage stellen, ob es recht sei, im Reichtum zu leben, solange es andern am Nötigsten fehlt. Das ist in der Tat eine Frage, die sich jeder stellen sollte. Meine Antwort auf diese Frage lautet, daß einer das Recht hat, vom Leben so viele Güter und Reichtümer zu empfangen, als er braucht, um sich allseitig — physisch, seelisch und geistig — höher zu entwickeln.

Er hat das Recht, das Beste zu verlangen, was dieser seiner Höherentwicklung dient, soweit er bereit ist, seinerseits sein Bestes für das Wohl der Gemeinschaft und des Ganzen einzusetzen und hinzugeben.

Wer dem Leben, der Gemeinschaft und seinen Mitmenschen stets sein Bestes gibt, seine edelsten Gedanken, seine wertvollsten Leistungen, der erwirbt eben dadurch ein Anrecht auf ein entsprechendes Maß des Besten, was das Leben ihm zu bieten vermag.

Wer sich dagegen für besonders schlau hält und versucht, das Leben und seine Mitmenschen durch betrügerische Tricks zu täuschen, um möglichst viel zu nehmen und möglichst wenig oder nichts dafür zu geben, der ist in Wirklichkeit nicht klug, sondern ein Dummkopf.

Denn was er auf der einen Seite gewinnt, geht ihm auf der anderen unweigerlich verloren. Er mag durch seine Methoden Geld verdienen; aber er verliert gleichzeitig die besten und beglückendsten Dinge des Lebens, die man mit Geld nicht kaufen kann.

Der Weg zum wahren Erfolg führt über wahrhafte Dienstleistung, rechte Erkenntnis der Wahrheit und rechtes Denken. Diese setzen uns in Harmonie mit dem göttlichen Gesetz des Gebens und Empfangens; sie bringen zugleich die geistigen Ursachen des Mangels und des Armseins zur Aufhebung. Und schließlich tragen sie die Fülle in unser Leben und, was noch wichtiger ist, die absolute Gewißheit, daß uns niemals mehr etwas mangeln wird.

Wer das Wirken des Gesetzes der Fülle nicht versteht, hat immerfort Furcht vor dem Armsein. Mag er auch vorübergehend reich werden, in der Tiefe seines Herzens geht wie ein Gespenst die Furcht um, daß er seinen Besitz verlieren und einmal wieder notleiden könnte. Da die Zukunft ihn schreckt, beginnt er, Geld anzuhäufen, um etwas zu haben. Und da er nicht mit dem zufrieden ist, was er schon hat, giert er nach größerem Reichtum, um sich zu ›sichern‹.

So wird aus der gesunden Bejahung der Fülle die krankhafte Anbetung des Geldes, die so viel Leid gebiert, denn solange wir nach Geld und Besitz als der vermeintlichen Quelle der Fülle Ausschau halten, sind wir Sklaven des Geldes, von wirklicher Fülle und Zufriedenheit fern und in jedem Augenblick in Gefahr, wieder ein Opfer eben der Dinge zu werden, die wir fürchten: des Mangels, der Armut, der Not.

Erkennen wir dagegen, daß Gott, der unendliche Geist der Fülle, die einzige Quelle all dessen ist, was wir brauchen, und bejahen wir täglich und stündlich unsere Einheit mit dieser Quelle, dann kann und wird es uns niemals an etwas fehlen.

Das andere, worum wir uns dann nur noch zu sorgen haben, ist, daß wir immer unser Bestes geben, dem Leben und unseren Mitmenschen dienen und helfen — im Austausch mit der Fülle, die unaufhörlich zu uns strömt.

Wer die göttliche Fülle noch nicht in seinem Leben verwirklicht sieht, der versuche es einmal, was Dienst- und Hilfsbereitschaft und freudige Bejahung der Fülle anlangt, so zu leben, als ob der Reichtum bereits da sei. Um so eher und vollkommener wird er sich auch äußerlich offenbaren, sowie alle Furcht- und Falschgedanken des Einschränkenmüssens umgewandelt sind in Kraftgedanken der göttlichen Fülle. Auf diese Weise wird die Fülle ins Dasein gerufen.

Man muß nun aber nicht denken, daß es genügt, still zu sitzen und darauf zu warten, daß einem die Fülle in den Schoß fällt. Man muß zunächst seelisch und geistig tätig sein — in der inneren Welt der Gedanken, der Ursachen — und sich sodann auch körperlich rühren. Leben heißt handeln; um also der Fülle würdig zu sein, muß man schaffen.

Arbeit, die freudig getan wird, ist eine der größten Beglückungen des Daseins. Keiner kann glücklich und gesund sein, der sich nicht Ziele setzt und Aufgaben stellt — Aufgaben, deren Erfüllung nicht nur seinem eigenen Vorteil dient, sondern auch anderen zugute kommt.

Ich behaupte nun durchaus nicht, daß rechtes Denken und Bejahen Dich, wenn Du bisher arm warst, über Nacht in einen Reichen verwandeln. Wohl aber erzieht es Dich dazu, daß Du aufhörst, weiterhin Mangel und Armut in Dein Leben hineinzuziehen, und bringt Dich dahin, daß Du einen

Weg einschlägst, der in absehbarer Zeit zu Wohlergehen und Wohlstand führt.

Du lernst auf diesem Wege, wie die negativen Denkgewohnheiten, die falschen geistigen Haltungen und Verhaltensweisen, die unerfreuliche Verhältnisse anziehen und den Erfolg fernhalten, zum Verschwinden gebracht werden. Du lernst, in Harmonie mit den Gesetzen des Lebens zu gelangen und das Gesetz der Anziehung zum Wirken zu bringen.

Du lernst, durch rechtes Denken und Verhalten immer mehr Übel und Widrigkeiten in Quellen des Glücks und Erfolgs umzuwandeln und immer fühlbarer von der Schattenseite des Daseins auf die Sonnenseite hinüberzuwechseln.

Wir brauchen nicht zu befürchten, daß die Fülle, die wir durch unsere Bejahung anziehen, nun andern genommen wird. Denn die Quelle, aus der wir schöpfen, ist göttlich-geistiger Natur und nicht materieller. Es ist die unendliche Fülle selbst, die nie geringer wird.

Als Kinder des Ewigen haben wir ein angeborenes Anrecht auf die Fülle des Lebens — allerdings nicht ausschließlich für uns selbst, sondern als Mittel im Dienste des Ganzen.

Es ist nun eine durch die Jahrtausende bestätigte Erfahrung, daß unsere Lebensverhältnisse der sichtbare Ausdruck unserer geistigen Haltung sind. Wenn unsere Gedanken immerfort um furchtbetonte Vorstellungen des Mangels und des Eingeschränkt-leben-Müssens kreisen, verwirklichen sich diese Gedanken im äußeren Leben, weil das äußere Dasein nichts ist als ein Spiegelbild und Echo unserer Gedanken, unseres inneren Seins.

Was wir um uns herum sehen und erleben, sind unsere Gedanken, die sich in den Dingen und Geschehnissen um uns materialisiert und inkarniert haben. Trotzdem sind diese Dinge nicht im absoluten Sinne wirklich. Denn die Wirklichkeit ist vollkommen. Auch unser Leben ist, mit den

Augen Gottes gesehen und so, wie Gott es bestimmt hat, durch und durch vollkommen. Aber durch falsches Denken und unvollkommene Auffassungen halten wir die Wahrheit und Wirklichkeit von uns fern oder verzerren sie und bewirken, daß die Unvollkommenheit sich an ihrer Stelle ausbreitet. Dennoch ist das Vollkommene das einzig Wirkliche und alles Unvollkommene nur die Materialisation unserer negativen Gedanken, die uns die Wahrheit verhüllen und verbergen.

An sich ist also unser Leben vor dem Beginn aller Zeiten als etwas Vollkommenes von Gott gedacht und geschaffen worden, und alles, was wir zur Offenbarung dieser immanenten Vollkommenheit brauchen, steht überreichlich zu unserer Verfügung. Wir müssen nur — und das ist der Sinn dieser Lehren und der Kern der Botschaft der Blumen — zur Erkenntnis der Wahrheit und Wirklichkeit gelangen und alle Unvollkommenheit als bloßen Schein durchschauen.

Wir nennen diese Stufe die des kosmischen Bewußtseins. Auf dieser Stufe, die über dem bloß-menschlichen Alltagsbewußtsein liegt, wird die Wahrheit von unserer Seele ergriffen und das ›Reich Gottes‹ betreten.

Alles ist innen

Nun stehen viele von uns mitten in dem, was wir den *›Kampf ums Dasein‹* nennen. Sie empfinden diesen Kampf als hart und schwer: egoistische Erfolgsjäger stoßen ihnen unbarmherzig die Ellbogen in die Seiten, treten sie nieder, steigen über sie hinweg oder schnappen ihnen das vor der Nase fort, was sie selbst gern hätten.

Vielleicht haben sie das Gefühl, daß sie diesen harten, gierigen und rücksichtslosen Wolfsmenschen nicht gewachsen sind, die mit ihrem Raube abziehen, ohne sich im geringsten um die von ihnen Ausgeplünderten zu kümmern.

Sie fühlen sich zuweilen wie hilflose Geschöpfe unter wilden Raubtieren und verfallen schließlich der Meinung, daß die wertvolleren Naturen von den minderwertigen und eben darum skrupel- und rücksichtslosen allzuoft an die Wand gedrückt werden oder daß ihnen die Früchte jahrelanger mühevoller Aufbauarbeit in wenigen Tagen durch den Schurkenstreich eines Untermenschen gestohlen werden.

Alle diese Erfahrungen sind Folgen falscher Einstellung zum Leben, vor allem des Wahns, daß Glück und Reichtum von außen her kommen und von dorther geholt werden müssen. Alle äußeren Nöte sind die Folge der Furcht vor möglichem Mangel. Und diese Furcht brütet in den Herzen aller, die Geld und Reichtum durch schwerste Arbeit, Konkurrenzkampf und unendliche Mühen zu erwerben suchen.

Nein, der wahre Weg zum Erfolg ist der, daß wir bei unserem Schaffen die Fülle nicht von außen, sondern *von innen*, aus den Quellen des Ewigen erwarten. Wenn wir uns mit dem Ewigen in Harmonie wissen, kommt der Reichtum ohne Mühen und aufreibende Konkurrenzkämpfe wie von selbst zu uns. Er kommt unversehens wie die fallenden Tropfen eines sanften Regens. Das Sorgen ist unnötig.

Und im Gegensatz zu den Reichtümern des Materialisten bringt die Fülle, die uns aus den Quellen des Ewigen zuströmt, weder Enttäuschungen noch Leid, sondern wachsende Harmonie, Zufriedenheit und Freude.

Die Gottheit will, daß wir glücklich und frei, gesund und freudvoll leben; und wenn wir ihren Gesetzen folgen, kommt ihre Fülle zu uns in Form von Beglückungen und Reichtümern, die von Dauer sind und weder Mühe noch Sorge mit sich bringen.

Dauernde Erfolge werden nur durch geistige Kräfte und

Mittel errungen. Wer keinen Erfolg hat, beweist, daß er noch nicht gelernt hat, sich der seelischen und geistigen Kräfte, die in ihm sind, richtig zu bedienen. Der Geschichtsforscher Professor A. W. *Pollard* sagt in seinem Werk über die geistigen Grundlagen der Zivilisation mit Recht:

»Es gibt keinen Gegensatz zwischen dem Geistigen und dem Materiellen. Alle dem Menschen dienenden materiellen Güter und Mittel sind durch Anwendung seiner geistigen Kräfte entdeckt und nutzbar gemacht worden, und solange der Mensch auf diesem Planeten lebt, hängen alle seine geistigen Kräfte hinsichtlich ihrer Betätigung von seinem Körper ab ...

Wirtschaftliche Vorteile sind ein Aktivum, das mit Recht hoch eingeschätzt wird. Aber sie werden nicht zuletzt deshalb so hoch gewertet, weil sie gewöhnlich den geistig aktivsten Rassen in die Hände fallen, die die Energie und Fähigkeit besitzen, das Bestmögliche aus ihnen zu machen ...

Heute ist mehr als je vorher in der Geschichte der Menschheit Bedarf für jene seltenen geistigen Kräfte, ohne die die Zivilisation nicht stabil erhalten werden kann – für die Kräfte der Führerschaft, der Organisation, der wirtschaftlichen und kulturellen Vorausschau, des schöpferischen Denkens und der Initiative in all ihren Graden. Diese Kräfte und Fähigkeiten sind da. Gott hat sie überreichlich über die Menschheit ausgeschüttet ...

Es gibt eine geistige Kraft, die nicht nur den Erfolg bedingt, sondern auch die Gerechtigkeit verbürgt und die Gerechtigkeit als die einzige Grundlage, auf der dauernde Erfolge errungen werden können, voraussetzt.«

Diese Kraft ist in uns, und sie betätigen heißt unser Glück machen und mehren.

Der Erfolg hängt also von geistigen Kräften ab und kann andererseits nur auf Gerechtigkeit begründet werden: auf gegenseitige Hilfe und Ehrlichkeit, Ritterlichkeit und Dienstwilligkeit.

Jeder sogenannte »Erfolg«, der durch unlautere Machenschaften erreicht wird, durch skrupellose Ausplünderung anderer, durch Betrug oder Täuschung, körperliche oder geistige Gewalt, durch Ungerechtigkeit oder auf sonst eine unedle Weise, trägt bereits den Keim der Auflösung und des Leidens in sich.

*

Schließlich wollen wir die Frage auch noch von einer anderen Seite her betrachten und im Zusammenhang damit noch einige häufige Irrtümer ausräumen:

Die Dinge, die wir im Leben anstreben und erreichen, sind nicht an sich wichtig, sondern nur durch die Wirkungen, die ihre Erlangung und die dabei überwundenen Schwierigkeiten auf unseren Charakter ausüben.

Der Aufbau eines großen Geschäfts zum Beispiel ist an sich ohne irgendwelchen besonderen Wert, denn er bringt vermehrte Sorgen und Bindungen mit sich, und die Dinge, die mit Geld gekauft werden können, werden rascher schal und befriedigen nicht mehr.

Aber während Erfolge dieser Art nicht viel bedeuten, ist ihr charakterbildender Wert oft beträchtlich: wer ein umfangreiches Unternehmen aufbaut und leitet, ist allen möglichen Angriffen, Versuchungen und Prüfungen unterworfen. Er muß Geduld entwickeln, Mut und Standhaftigkeit, Ausdauer, Beharrlichkeit, Vertrauen, Hoffnung, Selbstbeherrschung, Nachsicht, Aufrichtigkeit, Rechtschaffenheit, Vorausschau, Einbildungskraft und viele andere Fähigkeiten; und je mehr die Schwierigkeiten wachsen, desto mehr Fähigkeiten muß er aus sich entfalten.

Das Geschäft selbst und das Einkommen, das es abwirft, sind demgegenüber bedeutungslos. Die bei seiner Durchführung und Leitung entwickelten Kräfte und Fähigkeiten aber gehen der Seele nicht mehr verloren, sie bleiben für alle Zeit ihr Eigentum, sie werden ein Bestandteil des Geistes. Es ist also gut, daß uns so treffliche Möglichkeiten zur Entfaltung der uns innewohnenden göttlichen Kräfte gegeben werden.

Nun ist es nicht jedem Menschen gegeben, ein großes Geschäft aufzubauen, noch auch vermag jeder ein großer Anwalt oder Politiker, Schriftsteller oder Künstler zu werden. Jedem aber ist es möglich, in seinem besonderen Beruf, auf seinem Tätigkeitsfeld Erfolge zu erzielen.

Wie immer unsere Tätigkeit sein mag, wir haben in jedem Falle die Möglichkeit, durch rechte Nutzung der in uns schlummernden Kräfte den Erfolg an uns zu ketten. Indem wir unsere Arbeit immer besser machen und alle auftauchenden Schwierigkeiten durch Vertrauen überwinden, bauen wir an unserem Charakter und bringen Kräfte zur Offenbarung, die uns nicht mehr verloren gehen werden.

Und selbst wenn wir das, was die Welt Erfolg nennt, nicht erreichen, können wir der Befriedigung teilhaftig werden, daß wir unsere Arbeit besser machen, als sie je vorher getan wurde, oder so gut, wie sie überhaupt getan werden kann.

Nochmals muß gesagt werden, daß das Leben nicht das ist, was es scheint. Es wird nicht durch die unweisen Gesetze der Menschen bestimmt, sondern von geistigen Gesetzen und Kräften regiert.

Es ist bedeutungslos, wie eingeschränkt wir im Augenblick leben, wie hoffnungslos unsere Aussichten in Bezug auf Beförderung und Aufstieg oder auf Änderung unserer wirtschaftlichen, finanziellen, familiären oder sonstigen Verhältnisse zum Bessern auch scheinen mögen — es gibt in Wirklichkeit nichts, was uns davon abhalten könnte, aufzusteigen und vorwärtszuschreiten, und niemanden, der unseren Aufstieg zu wachsenden Erfolgen zu hindern vermöchte!

Daß dies so ist, hat seinen Grund in der Tatsache, daß das Leben geistiger Art ist und von *geistigen Gesetzen* regiert wird. Das Gesetz, das unser Schickal bestimmt, besagt, daß, sowie wir *innerlich* für den Aufstieg bereit sind, wir aufwärts getragen werden, und daß, wenn wir über eine bestimmte Stellung oder Aufgabe im Leben hinausgewachsen sind, sich uns höhere und verantwortungsreichere Stellungen öffnen.

Die Geschichte des Aufstiegs eines Menschen zu immer größeren Erfolgen ist die Geschichte der Entfaltung seiner inneren Kräfte. Sowie er sich eine bestimmte Gruppe von Erfahrungen angeeignet hat und über einen Aufgabenkreis hinausgewachsen ist, stellt ihn sein Schicksal automatisch vor größere und wichtigere Aufgaben.

Wenn darum unsere Zukunft uns aussichtslos erscheint, dann nur, weil wir denken, sie sei hoffnungslos. Um diesen Zustand zu ändern, haben wir nichts anderes zu tun, als uns geistig auszudehnen, die eingebildeten Grenzen und Beschränkungen bewußt beiseite zu schieben, uns größere Leistungen zuzutrauen und größere Aufgaben zuzudenken.

Die Männer, die große Unternehmen ins Leben riefen, haben sich keine bescheidenen Ziele gesetzt, sondern den Ehrgeiz gehabt, das größtmögliche Unternehmen zu starten. Ihr Unternehmen wäre klein geblieben, hätten sie sich im Geiste nur auf ein mittleres Geschäft konzentriert.

Während sie noch in den Anfängen steckten und kleine Umsätze hatten, rechneten sie in Gedanken bereits mit Millionen. Und ihre erfolggläubigen Erwartungen wurden nicht getäuscht: was sie zuerst im Geiste waren, waren sie bald auch in Wirklichkeit — Leiter weltumspannender Unternehmen. Ihre positiven Gedanken zogen die entsprechenden Gelegenheiten, Mitarbeiter und Helferkräfte herbei.

Das gleiche Gesetz gilt auf allen Gebieten des Lebens und für alle Arten menschlicher Betätigung. Der Mensch muß sich zuerst innerlich auf die erstrebte Höhe hinaufschwingen, dann steigt er auch äußerlich zu ihr hinauf.

Aller Fortschritt und jeder Erfolg hat seinen Ursprung und seine Wurzel in bejahenden Gedanken. Erziehen wir uns darum dazu, große Gedanken zu hegen und sie mit jener unermüdlichen Zähigkeit zu verfolgen, die jeder Fortschritt voraussetzt; dann ist es nur eine Frage der Zeit, bis unsere Ideale zur Wirklichkeit geworden sind.

Bejahung des Guten

Die Bejahung des Guten ist das zuverlässigste Mittel zur Überwindung aller Schwierigkeiten im Alltagsleben. Zwecklos dagegen ist es, uns gegen die Übel selbst zu wenden, die ja nur Symptome innerer Unstimmigkeiten und Unzulänglichkeiten sind.

Auch um die Beseitigung eines Übels bitten oder beten heißt nutzlos gegen Symptome ankämpfen, sozusagen Kopfschmerzen mit einem Pulver beseitigen wollen. Der Kopfschmerz ist ein oft sehr ernsthaftes Symptom innerer Störung. Ein Kopfwehpulver einzunehmen, ist darum schädlich, denn es hilft nur einen Augenblick und steigert im übrigen das Übel, weil es die eigentliche Ursache des Kopfwehs unangetastet läßt. Ein vernünftiger Mensch sucht nach der Ursache seiner Kopfschmerzen und beseitigt diese. Dann hört der Kopfschmerz von selbst auf.

Ebenso können die Disharmonien im Leben nur durch die Beseitigung ihrer Ursachen endgültig überwunden werden.

Die Ursache nun liegt in der mangelnden inneren Harmonie. Es fehlt an der inneren Verbindung mit der geistigen Welt, am Gleichklang mit dem Willen des Ewigen.

Hier ist die meditative Bejahung eine wirksame Hilfe. Die Meditation, das Gebet des Herzens, ist eine willige Hinwendung zum Geist der Liebe, der größer ist als alle äußeren Mächte und Bedrängnisse. Sie ist eine Besinnung auf die innere Kraft und auf die Fülle des Ewigen.

Diese Besinnung in der Stille hat zur Folge, daß die Flutschleusen des Stromes des Lebens sich öffnen und die Fülle hereinfließt. Gott schenkt sich dem Meditierenden, und damit hat er alles, was nottut. Bis diese Stufe höchster Kontemplation aber erreicht ist, sind noch viele Schritte zu tun.

Das wahre Gebet ist kein Bitten, sondern ein gläubiges Bejahen. Der seelisch Erwachte weiß, daß sein Gebet im gleichen Augenblick erhört ist, daß der Ewige nichts zurückhält, sondern alles, was er ist und hat, verschenkt.

Darum ist seine Bejahung zugleich *Dank* für das, was bereits auf dem Wege zu ihm ist. Er weiß, daß alles schon da ist und als Antwort auf seine vertrauende Bejahung aus der unsichtbaren in die sichtbare Wirklichkeit hinübertritt.

Statt also die Erfüllung eines besonderen Wunsches zu fordern, besinnt er sich, daß der Ewige stets sein Bestes wirkt, daß die unendliche Liebe und Weisheit der Gottheit sein Leben ordnet und daß alle scheinbaren Schwierigkeiten nichts als Vorbereiter und Künder kommender Segnungen sind.

Meditieren wir über unsere Harmonie mit dem Ewigen, dann wird die innere Angleichung an Gott zur Wirklichkeit; denn immer wird der Meditierende dem gleich, vorüber er anbetend nachsinnt. Mit andern Worten: das Reich Gottes ist gefunden, und alles übrige fällt dem Finder dieses Reiches von selbst zu.

Wann immer wir uns in der Stille gottwärts wenden, öffnen wir uns dem Ewigen mit dem Ergebnis, daß die Kraft des göttlichen Lebens in uns einströmt, uns verwandelt und erneuert und dem Urbild unserer selbst ähnlicher macht.

In dieser Weise täglich in die Stille gehen heißt die Fülle immer lebendiger offenbaren.

Der Strom der Entwicklung führt uns vom Niederen zum Höheren, vom Materiellen zum Geistigen. Nur weil der Mensch dies so selten erkennt, hat er mit so viel Widrigkeiten zu kämpfen. Er stemmt sich unwissentlich gegen den Strom des Lebens.

Er will glücklich und reich werden auf der niederen Ebene, statt sich zuerst auf der höheren Ebene zu wandeln und für den Empfang des Ersehnten zu bereiten. Er übersieht das Gesetz der Wandlung und hängt am Niederen, während der Wille des Ewigen ihn aufwärts zieht.

Erkennt er diesen Zug nach oben und folgt er ihm, hören die Schwierigkeiten im gleichen Augenblick auf, der Gott in ihm handelt an seiner Statt und die Fülle vermag sich um ihn auszubreiten.

Noch eine weitere Voraussetzung der Verwirklichung unserer Bejahungen ist hier zu beachten: wir erfahren immer nur die Segnungen, die wir andern zuteil werden lassen.

Wer andern nicht vergibt, kann nicht erwarten, daß der Ewige ihm hilft. Wer nicht bereit ist, andern zu geben, kann nicht erwarten, daß die göttliche Fülle sich ihm schenkt. Ehe wir uns dem Göttlichen nähern, müssen wir mit der Umwelt in Harmonie sein und Gedanken des Wohlwollens und der Liebe hinaussenden zu allen Wesen, die der Liebe und der Hilfe bedürfen. Im gleichen Maße machen wir uns selbst aufnahmefähig für die Segnungen des Ewigen und für die Fülle seines Reichtums.

Es handelt sich also praktisch darum, die Hindernisse fortzuräumen, die dem Einstrom der Fülle in unser Leben im Wege stehen. Der Zweck der Bejahung ist also nicht, vom Ewigen etwas zu verlangen, sondern den Ewigen zu finden und mit ihm eins zu werden. Die Bejahung führt die Verbindung von unserer Seite aus herbei. Auf der andern Seite, der des Ewigen, war die Verbindung nie unterbrochen. –

Obwohl nun jede Bejahung, jedes gläubige Gebet, eine Wirkung hat, so ist doch die psychologisch richtige Bejahung weit wirksamer als das übliche Beten, und die geistige Verwirklichungskraft des richtig Meditierenden ist viel weitreichender als die eines Beters, der die Gesetze des Geistes nicht kennt und nicht beachtet.

Das rechte Gebet ist kein gedankenloses Kreisen um die zu überwindenden Sorgen und Nöte, Fehlschläge und Leiden, deretwegen man die Hilfe von oben herbeiruft. Das ist eine negative Form des Gebets, die nur zu oft dazu führt, daß das Gefühl des Mangels, des Verlusts oder der Begrenzung sich noch tiefer in unsere Seele einfrißt. Ein solches Gebet ist so gut wie nutzlos und das Gegenteil von dem, was die Blume uns lehren will: die Ausrottung aller negativen Suggestionen der Furcht, der Not und Schwäche.

Rechtes Beten ist ein inbrünstiges *vertrauendes Bejahen des Ersehnten,* es ist gläubige Kraftbesinnung und Bejahung der Hilfe von innen. An die Stätte der Bilder der Not und Schwäche treten solche der Kraft und der Größe, der Gesundheit und Fülle, was zur Folge hat, daß die Sorgen von selbst weichen oder auf eine Weise gemeistert werden, die vorher unmöglich schien.

Wir müssen uns bewußt werden, daß wir Gott nicht darum zu bitten brauchen, daß die Dinge sich ändern oder unser Leben erträglicher werde; wir haben uns lediglich in Harmonie zu bringen mit dem Willen des Lebens.

Wir leben in einem Universum, in dem die Gesetze der Harmonie und der Fülle regieren; alle Unordnung in unserem Leben rührt nur daher, daß wir innerlich nicht mehr mit diesen Gesetzen im Einklang und mit den Kräften des Ewigen in Verbindung sind.

Wird diese unterbrochene Harmonie durch gläubige Bejahung wieder hergestellt, offenbart sie sich in unserem Körper als wiederkehrende Gesundheit und in unserem Leben als Glück und Erfolg.

Unter ›Disharmonie‹ verstehe ich die mangelnde innere Übereinstimmung mit den Gesetzen des Lebens, mit dem Willen des Ewigen. Es ist wie bei einem Radio-Apparat, der infolge falscher Abstimmung nur Lärm macht, oder wie bei einem Film, bei dem es durch falsche Entfernungseinstellung verschwommene Bilder gibt. In beiden Fällen ist alles vorhanden, um gute Resultate zu erzielen; aber infolge falscher Einstellung kommt das Gegenteil heraus.

Genau so ist es bei uns: wenn wir innerlich nicht richtig eingestellt und abgestimmt sind, geht alles in unserem Dasein schief.

Der Zweck der meditativen Bejahung ist also der, unser Inneres mit dem Ewigen, mit den Gesetzen der Harmonie in Übereinstimmung zu bringen, unsere Gedanken mit den Gedanken Gottes gleichklingen zu lassen, damit nur Harmonie und Fülle in unserem Leben in Erscheinung treten können.

Geist und Wille werden positiver und machtvoller, sowie wir unser Bewußtsein über das Endliche und Vergängliche erheben bis zu jener Ebene des Seins, wo unendliche Kraft und göttliche Harmonie regieren.

Erheben wir uns in Stille und Meditation zu dieser höheren Region, also bis zu dem, was wir die *Stratosphäre des Geistes* nennen, treten die inneren Kräfte in Aktion und wir vermögen alles zu erlangen und zu verwirklichen, was vorher unerreichbar schien.

Wird unser Geist in dieser Weise erhoben, ist er nicht nur für den Einstrom neuer Kraft zur Meisterung des Endlichen offen, sondern gleichzeitig sind seine Tore verschlossen gegenüber Angst, Sorge und Furcht und anderen negativen Gedanken und Einflüssen.

*

Wie unweise ist im Vergleich hierzu das Gebet der Alltagsmenschen. Der Zweck ihrer Gebete ist zumeist der, eine Änderung im äußeren Leben herbeizurufen. Sie beten, weil sie in Not sind oder vor Sorge und Angst nicht mehr ein und aus wissen. Sie wünschen, daß sie sorgenfrei werden, daß der Mangel der Fülle weicht, die Krankheit der Gesundheit, die Unsicherheit der Geborgenheit . . .

Wer so betet, übersieht, daß *er* es ist, der sich ändern muß, weil *er* die Ursache seiner Nöte ist und niemand sonst. Er betätigt ununterbrochen schöpferische Kräfte, und diese sind es, die infolge falscher Einstellung und Anwendung Disharmonien und Leiden schaffen. Sein Geist und seine Gedanken schaffen nicht gemäß dem vollkommenen göttlichen Urbild, sondern nach den unvollkommenen Bildern, die er sich vom Leben macht.

Das wirkliche Gebet kann also nur den Zweck haben, unser Bewußtsein mit vollkommeneren Bildern zu erfüllen, damit unsere innere Kraft vollkommenere Zustände um uns herum schafft.

Darum kann das wirkliche Gebet nichts anderes sein als gläubige und vertrauensvolle *Bejahung des Guten,* das wir wünschen. Beten oder meditieren wir in dieser Weise, dann schaffen unsere Gedanken harmonische Verhältnisse anstelle der vorher von uns ausgelösten disharmonischen Zustände und Schwierigkeiten.

Betrachten wir diesen Punkt von der psychologischen Seite: jeder Sieg muß zuerst im Geiste errungen werden. Was wir als Sorgen und Schwierigkeiten empfinden, sind zumeist negative Suggestionen, die, einmal von unserem Bewußtsein an- und aufgenommen, nur zu schnell von uns als Wirklichkeit erfahren werden.

Werden diese unguten Suggestionen, diese negativen Gedankenbilder, jedoch nicht von uns aufgenommen, sondern durch ihr positives Gegenteil ersetzt, dann haben sie keine Macht mehr über uns, und im gleichen Umfange hören ihre materiellen Entsprechungen auf, für uns wirksam zu sein: die Nöte weichen.

Das Mittel nun, diese negativen Suggestionen und ihre materiellen Entsprechungen zu überwinden und zum Weichen zu bringen, ist die gläubige Bejahung, die mehr ist als das, was man bisher als Gebet bezeichnete. Denn *das Gute bejahen heißt: es schaffen.*

Von welchem Standpunkt aus wir das Gebet auch immer betrachten — seine Aufgabe ist die, unser Inneres umzuwandeln, damit an die Stelle negativer Gedankenbilder solche der Harmonie, der Gottgeborgenheit und Fülle treten.

Ist unser Inneres umgewandelt und mit dem Willen des Lebens, der auf Fülle angelegt ist, in Harmonie, dann ordnen sich unsere äußeren Verhältnisse entsprechend den Bildern, die wir in uns tragen und als allein wahr und wirklich erkannt haben.

Der Geist Gottes ist schöpferisch; das ganze Universum ist sein Werk . . . Nicht minder schöpferisch ist der Geist des Menschen; es kommt nur darauf an, was er schafft. Von der Richtung seines Wirkens hängt es ab, wie sich unser äußeres Leben gestaltet. Bejahen wir die göttliche Ordnung und Vollkommenheit und die Fülle alles dessen, was wir benötigen, beginnt die Innenkraft, die diesen Bildern entsprechende äußere Wirklichkeit zu schaffen, und Not und Furcht verschwinden aus unserem Leben.

Auch für die Bejahung gilt also das gleiche Gesetz wie für alle anderen Dinge im Universum: Erst im Unsichtbaren, dann im Sichtbaren! Wird die Bejahung richtig vorgenommen, führt sie unweigerlich zur Verwirklichung.

Hilfe von innen

Das Ziel aller Bejahung ist also die Hinwendung zum Ewigen, die Verbindung unserer Seele mit der All-Seele.

Wenn wir in der Meditation nach etwas Geringerem streben als nach diesem Hochziel, vergeuden wir unsere Zeit, ist doch alles, was geringer ist als dieses große Ziel, bereits darin enthalten und einbeschlossen.

Das ist der Sinn des Wortes: »Suchet zuerst nach dem Reiche Gottes in Euch, dann werden Euch alle übrigen Dinge von selbst zufallen.« Erlangen wir die Harmonie mit dem Unendlichen, dann sind wir zugleich Eigner aller Dinge, weil wir zum einen Quell aller Fülle, aller Schönheit und alles Guten gefunden haben.

Dieser eine Quell der Harmonie und des Guten ist Gott. Wir ebenso wie unsere Verhältnisse sind — nach dem Willen des Ewigen — vollkommen; aber falsche Vorstellungen haben von uns Besitz ergriffen und das Gegenteil dessen, was der Ewige uns zudachte, ist infolgedessen in Erscheinung getreten.

Tief in unser Bewußtsein eingebettet sind diese Gedankenbilder des Pessimismus und der Verneinung, denen gemäß unsere schöpferischen Gedanken Mangel und Elend ins Dasein rufen und täglich vermehren helfen. Unser Körper und unser Leben neigen dazu, sich den unerfreulichen Bildern anzugleichen, die wir in unserem Bewußtsein mit uns herumtragen.

So kommt es, daß immer neue Übel sich um uns ausbreiten, bis wir das Leben als unseren Feind ansehen, obwohl es gar nicht unser Feind, sondern unser bester Freund ist. Wir selbst sind es, die alle Segnungen des Lebens durch falsches Denken und Handeln in Mißgeschick und Not verwandeln.

Wenn den Arbeitern in einer Gießerei falsche Gußformen gegeben werden, lassen sie das gute Metall in diese Formen einlaufen, obwohl nachher mit dem Ergebnis ihrer Arbeit nichts anzufangen ist. Wenn ein Bauunternehmer einen falschen Plan erhält, ist es weder seine Schuld noch liegt die Schuld beim Baumaterial, wenn das Haus nachher nicht so ist, wie es werden sollte; sondern die Schuld liegt bei dem, der den falschen Plan oder die falsche Gußform lieferte.

In gleicher Weise liegt, wenn unser Leben nicht so ist, wie wir es erwarteten, die Schuld bei *uns,* weil wir die falschen Vorbilder lieferten, weil wir negative, pessimistische Gedanken über unser Leben und unsere Zukunft hegten. Denn diese pessimistischen Gedankenbilder in unserem Bewußtsein sind die Gußformen der Widrigkeiten und Übel in unserem Leben, die falschen Pläne, nach denen unsere innere Kraft unser Leben aufbaut und ausbaut.

Wir glauben an die Unvermeidlichkeit der Widrigkeiten und der Not, der Grundzug unseres Denkens ist negativ, darum ist der Grundzug unseres Lebens die Disharmonie und das Leid. Eben darum muß die Wandlung bei unseren Gedanken beginnen, und zwar bei den bewußten wie bei den unbewußten.

Erst müssen Ordnung, Harmonie und die Bejahung des Guten zum Grundzug unseres Denkens, unseres Charakters werden, bevor sie die leitenden Kräfte in unserem Leben werden können.

Mit anderen Worten: wir müssen die *Hilfe von innen*, die Allmacht des Guten, die Allgegenwart der Fülle solange vertrauensvoll bejahen, bis alle negativen Gedanken aus unserem Bewußtsein verschwunden, die Schranken des Pessimismus und der Zweifelsucht niedergerissen sind und die Kräfte des Guten in unser Leben einströmen und überall Fülle und Erfolg ins Dasein rufen können.

Die meditative Bejahung des Guten ist somit das königliche Mittel zur Lösung und Überwindung aller Daseinsschwierigkeiten.

Ebenso können wir jede Furcht zum Verschwinden bringen, wenn wir uns in vertrauender Bejahung dem Gott in uns zuneigen. Sind wir beunruhigt, in Sorge oder mit unserer Arbeit im Rückstand, sind unsere Angelegenheiten in heillosem Durcheinander, wird die meditative Bejahung des Ewigen als der Quelle aller Harmonie und Fülle Ordnung in unser Denken bringen, Frieden in unsere Seele und Erfolg in unser Leben.

Der größte Fehler ist, daß manche meinen, für solche Bejahung des Guten keine Zeit zu haben. Sie entschuldigen sich, sie hätten so viel zu tun, daß es unmöglich sei, sich für solche Bejahung frei zu machen. Wenn sie aber die nötige Zeit für die Bejahung des Guten freimachen, entdecken sie zu ihrer Freude, daß ihr Leben mit einem Male leichter wird, daß sie mehr und Besseres leisten und dabei doch immer mehr Zeit für die wichtigsten Dinge übrig haben.

Durch die meditative Bejahung des Guten bringen wir also nicht nur Ordnung in unser Denken und Leben, wir bringen uns dadurch nicht nur in immer fühlbarere Übereinstimmung mit dem Ewigen, sondern wir entdecken zugleich, daß wir die Kraft besitzen, dem Ruf des Lebens zu folgen, aus allen Erfahrungen des Lebens Nutzen zu ziehen und hinter allem die gütige Hand des Ewigen zu erkennen.

Wir wünschen dann nicht mehr, daß unsere Verhältnisse sich ändern mögen, damit das Leben für uns leichter werde, sondern wir wünschen dann nur noch, *uns selbst zu ändern* und stärker zu werden, um fähig zu sein, jede Schwierigkeit überlegen zu meistern und jedes scheinbare Übel in eine Segnung zu verwandeln.

Indem wir so unsere Einstellung zum Leben ändern, wandeln wir das Leben selbst um, so daß es immer sichtbarer zum Spiegelbild der inneren Fülle wird.

VI. DIE VERWIRKLICHUNG EINES IDEALS

»So im Kleinen, ewig wie im Großen
wirkt Natur, wirkt Menschengeist; und beide
sind ein Abglanz jenes Urlichts droben,
das unsichtbar alle Welt erleuchtet.«

Goethe.

Das Streben nach einem Ideal ist das vornehmste Ziel des Lebens einer *Blume.* Immerfort trachtet sie danach, dem urbildlichen Gedanken, der ihr unsichtbar zugrunde liegt, immer vollkommener Ausdruck zu geben. Im Herzen des Schöpfers ruht verborgen das vollkommene Urbild der Blume; und immerfort ist die Lebenskraft, der göttliche Drang in der Pflanze am Werke, die ihr innewohnende Idee immer vollendeter auch äußerlich zu offenbaren.

Wenn wir darum auf eine Blume blicken, sehen wir nicht nur etwas Schönes, sondern wir erblicken einen göttlichen Gedanken, der vor aller Zeit dem Herzen des Ewigen entsprang und unaufhörlich danach ringt und darum kämpft, sich in immer größerer Schönheit zu entfalten und zu verwirklichen.

Der gleiche Prozeß geht im *Menschen* vor sich. Auch in ihm ist der göttliche Drang am Werke, der ihn zu unermüdlichem Streben und Kämpfen antreibt, damit in seinem Leben immer sichtbarer jener göttliche Idealmensch in Erscheinung trete, dessen Urbild im Herzen der Gottheit ruht.

»Ihr sollt vollkommen sein, gleichwie Euer Vater im Himmel vollkommen ist!« — das ist das große Ziel, dem alle Menschen, die ihre Bestimmung erfüllen wollen, solange zustreben müssen, bis sie es erreicht haben.

Die Blume folgt unbewußt ihrem hohen Ziel und schreitet

in ihren zahllosen Leben, in Suche ihres Ideals, von Schönheit zu immer vollendeter Schönheit aufwärts. Sie hat noch keine Wahl zwischen Gut und Böse, sie ist noch nicht so weit, daß schmerzliche Erfahrungen es ihr zum Bewußtsein bringen müssen, wann sie auf falschem Wege ist. Sie schreitet geduldig ihrem Ziel entgegen und erfüllt willig ihre Bestimmung.

Der Mensch dagegen hat eine weit umfassendere Aufgabe: er ist auf dem Wege zur Offenbarung seiner innewohnenden Göttlichkeit. »Ihr seid werdende Götter, zu fortschreitender Selbstoffenbarung bestimmt!« — das ist die erhabene Botschaft des Lebens an alle die, deren Augen richtig sehen lernten, deren Ohren wach wurden für das innere Wort, deren Seelen reif wurden für die Wiedergeburt.

Aber der Mensch ist vom rechten Weg abgekommen. Er fühlt in sich titanische Kräfte und den Drang nach Höherem — aber er mißversteht diese Kraft und den Trieb, der in ihm pulst. Er sehnt sich nach besseren Dingen und Zuständen, aber zugleich wähnt er, im kalten Glanz des äußeren Lebens und in der trügerischen Sinnenlust sein Glück und seine Befriedigung zu finden.

Spät erst entdeckt er, daß er Irrlichtern nachjagte. Enttäuschungen beginnen ihn zu quälen, Mißgeschicke, Krankheit und Sorgen. Der Glanz des Goldes, der Besitzwahn, die Wollust des Machtrausches — alles das umfängt und verführt ihn, bis er, vom Unglück aufgerüttelt, wieder aufwacht.

Die zu sich selbst erwachende Seele aber vernimmt die Stimme der Wahrheit und Weisheit. Sie sieht die Reize und Lockungen der Welt und der Sinne im Lichte der Ewigkeit.

Das Wort des Gottmenschen »*Werdet vollkommen!*« tönt ihr immerfort in den Ohren und alles, was der Prunk und Glanz der Welt ihr bieten kann, erscheint ihr als ärmlicher

Tand gegenüber dem strahlenden Licht der Gottheit. Die Reichtümer der Erde, aller Ruhm und alle Macht der Großen enthüllen sich ihr als hohle Seifenblasen, die in der Luft platzen und nichts als geprellte Hoffnungen hinterlassen.

Hat die Seele dies einmal erkannt, ist sie auf dem rechten, ihr bestimmten Wege. Sie folgt der inneren Stimme, die sie edleren und würdigeren Dingen und Zielen zuführt. Der Blume gleich antwortet sie auf den Ruf des Ewigen und strebt vorwärts, um dem Ideal, das in ihr angelegt ist, immer vollkommener Ausdruck zu geben. –

Eine der größten Wahrheiten, deren der Mensch inne werden kann, ist jene, daß, wenn er ein bestimmtes Ideal im Blickfeld seines Bewußtseins festhält, einerlei, wie nebelhaft das Idealbild anfänglich auch sein mag, er im gleichen Augenblick die göttlichen Kräfte seines Innern zum Fließen und Wirken bringt.

Die wahrhaft großen Menschen aller Zeiten waren solche, die dem inneren Trieb folgten und das Ideal, das in ihnen lebendig ward, zu verwirklichen strebten.

Keiner, der nicht von innen her inspiriert und gelenkt war, war je imstande, etwas zu schaffen, das wirklich des Strebens wert war; denn nur durch die Hingabe an ein Ideal wird die Innenkraft, die die Verwirklichung des Ersehnten ermöglicht, zum Strömen gebracht. –

An einer Blume ist nichts Häßliches; selbst die bescheidenste Blüte ist schön. Sie kann sich vielleicht mit manchen ihrer prachtvoller geschmückten, himmlisch schönen Blumengeschwister nicht messen; dennoch ist auch sie schön in ihrer Art.

Die schlichteren Blumen sprechen mich sogar mehr an als ihre viel berühmteren Schwestern, denn sie müssen so viel schwerer darum ringen, jener Schönheit Ausdruck zu geben, die ihnen innewohnt. Sie tun, was sie können, um dem Ideal, nach dem sie angelegt sind, so vollkommen wie möglich zu entsprechen.

Die bescheidenste und gewöhnlichste Blume — wenn eine Blume überhaupt als ›gewöhnlich‹ bezeichnet werden kann — ist, recht betrachtet, schön, ein Stück aus der Meisterhand des Schöpfers, ein Kind des Geistes der Natur. Nirgends sehen wir eine Blume aufgeblasen oder neidisch, oder Blüten, in denen niedere Leidenschaften und ungute Eigenschaften zum Ausdruck kommen. Wie gering eine Blume auch sein mag — immer ist sie rein und keusch und trägt das ehrliche Streben zu Schau, so gut und so schön wie möglich zu sein.

Beim Menschen dagegen sehen wir nur zu oft Gesichter, die die Leidenschaften entstellt und Ausschweifungen verhäßlicht haben, die verraten, daß ihre Träger aufhörten, dem ihnen innewohnenden Gottideal nachzueifern. Wenn aber der Mensch nicht mehr diesem Ideal nachstrebt, wenn er es unterläßt, immer nach dem Besten und Höchsten zu verlangen, gerät er bald auf dunkle Abwege und fällt schließlich in die Gefangenschaft des Riesen Verzweiflung.

Solange der Mensch sein Glück im Äußeren sucht, statt im Innern, führt sein Weg in die Tiefe. Wenn er aber nach dem Höchsten und Besten strebt, führt sein Pfad aufwärts und alle Kräfte des Himmels eilen herbei, um ihm den Weg zu erleichtern und ihm beim Aufstieg zu helfen.

Die Blume strebt immerfort dem Ideal nach. Von dem Augenblick an, wo die Saat dem Boden entsprießt, bis zu ihrer letzten Stunde sucht die Pflanze durch die Offenbarung ihrer inneren Schönheit ein würdiger Künder der Liebe des Ewigen zu sein.

»Blicke uns an« — sprechen mich die Blumen durch ihren Duft an — »und erkenne in unserer Schönheit und unserem Wohlgeruch spürbare Zeichen der Allgegenwart der liebenden Fürsorge des Ewigen! Erkenne, daß er uns ins Leben rief, damit wir Dich durch unsere Schönheit erfreuen und beglücken.

Blicke auf uns, Bruder Mensch, und lerne von unserem geduldigen Mühen. Jeden Tag und jeden Augenblick geben wir dem Höchsten und Edelsten Ausdruck, das in uns ist, und suchen durch unsere Schönheit und unseren Wohlgeruch die alles übersteigende Liebe Gottes lebendig zu offenbaren.«

Ja, die eindringlichste Äußerung der Blumen, gewissermaßen ihre Sprache, sind wohl die tausendfachen Düfte und Wohlgerüche, die sie verströmen. Auch hier ist es beglückend, zu sehen, daß die Intuition des kosmisch und naturverbunden denkenden Menschen von der Wissenschaft bestätigt wird, die gleichfalls in den Düften der Blumen sprachähnliche Äußerungen erblickt. Ich führe hier wiederum einige Worte des Schweizer Naturforschers Professor *Tschirsch* an:

»Durch die Untersuchungen von Molisch wissen wir, daß die Pflanzen durch die Luft aufeinander einwirken und sich gegenseitig günstig oder ungünstig beeinflussen können. Man kann dies die Blumensprache nennen, denn sie wird gesprochen, gehört und verstanden.

Es sind die *Duftstoffe,* welche die Sprache darstellen, von denen es sicher viel mehr gibt, als unser mangelhaftes Riechorgan wahrnimmt. Aber schon die von uns wahrgenommenen sind so zahlreich und liefern Kombinationen, die in die Hunderttausende gehen. Dazu kommt noch der sehr häufig zu beobachtende Unterschied zwischen Tag und Nacht bezüglich Art und Stärke der pflanzlichen Düfte . . .

Freundschaft und Feindschaft sprechen sich in dieser der Pflanze eigenen ›Sprache‹ deutlich aus. Auch die Pflanzengemeinschaften beruhen offenbar hierauf, jede Pflanzengemeinschaft besitzt gewissermaßen ihre besonderen Dialekte.«

Die Pflanzen wirken durch ihre Wohlgerüche aber nicht nur gegenseitig aufeinander ein, sondern nicht minder auf den Menschen, und zwar nicht weniger verschieden wie auf ihre Pflanzengeschwister.

Jeder Mensch ist für andere Wohlgerüche empfänglich, jeder hat seine besonderen Zuneigungen zu einigen unter den tausenden Duftarten. Einige Wohlgerüche berühren ihn sympathisch, andere wirken auf ihn überhaupt nicht, eine dritte Gruppe von Düften empfindet er als unangenehm — Düfte, die wieder andern Menschen sympathisch sind.

Wie mannigfach sind diese Wohlgerüche der Pflanzen! Welch zauberhafte Bilder rufen die einzelnen Düfte schon bei ihrer Nennung und noch mehr bei ihrer Wahrnehmung hervor: der herbe Tannenduft, der unbeschreibliche Duft des frischen Heus, der charakteristische Geruch des Heidekrauts, der hauchzarte und doch herzhaft-durchdringende ätherische Duft des Märzveilchens, der lieblich-süße Heliotropgeruch, der betäubend schwere Duft der Akazien und Orchideen, der Wohlgeruch der Kamille, der heilsame Duft der Minze, der zartfeine Geruch der Lindenblüten, der liebliche Duft des weißen Flieders, der frisch-herbe Geruch des Waldmaiglöckchens, das prachtvoll süße Aroma der weißen Rose und der lebhaft-volle Duft ihrer Schwester, der roten Rose, weiter der verwirrend vielfarbige Frühlingsduft der in der Morgensonne aufblühenden Wiesen- und Gartenblumen, und die zahllosen weniger aufdringlichen und zumeist für uns unmerkbaren traumhaften Düfte der übrigen Blumen und Kräuter, Sträucher und Bäume.

Jede Pflanze hat ihren besonderen Wohlgeruch, nur ist unser Geruchsinn zu grob, um alle diese Düfte unterscheiden zu können. Wir haben ja nicht einmal Namen für die paar hundert Duftarten, die wir als solche zu unterscheiden vermögen.

Wir fühlen nur, daß jeder Duft ein anderer Dialekt, jeder Wohlgeruch Ausdruck einer anderen Pflanzenindividualität, eines besonderen Charakters, eines Wesens ist, das die Welt mit anderen Sinnen aufnimmt und widerspiegelt, — jeder Duft aber ein Ausdruck der gleichen Hingabe und Liebe, die alle Pflanzen beseelt und beseligt und die auch den Menschen beglücken und bereichern will — jeder Duft eine Offenbarung des unermüdlichen Strebens einer Pflanze, zu ihrem Teile die Welt zu verschönen.

Ja, die Pflanzen, insonderheit die Blumen, sind immerfort am Werke, die Welt schöner zu machen und die müden Herzen der Menschen aufzurichten und zu erfreuen. Die Blumen beginnen nicht nur ihr Leben mit der Hingabe an ein Ideal, sie setzen diese Hingabe vielmehr während ihres ganzen Daseins ununterbrochen fort. Sie werden ihrem Ideal niemals untreu und lassen seinen Glanz keinen Augenblick geringer werden.

Der Mensch dagegen beginnt zwar sein Leben mit dem Blick auf erhabene Ideale. Er fühlt in sich den göttlichen Drang, große Dinge zu vollbringen, er ist entschlossen, sich zu den höchsten Gipfeln aufzuschwingen, sein Lebensschiff in ein Himmelsschiff zu verwandeln und sich zu den Sternen zu erheben.

Eine Zeitlang geht es gut, aber die Jagd nach dem Reichtum, das naturferne Leben in der Stadt und der ärmliche Ehrgeiz der großen Masse, der den Strebenden allmählich zu seiner Mittelmäßigkeit herabzieht, verdunkeln langsam das leuchtende Idealbild, bis er einem seiner hohen Ziele nach dem andern entsagt.

Sowie dies eintritt, ist es aus mit den Erfolgen und dem weiteren Fortschreiten. Die innere Kraft versiegt, denn nur das beharrliche Streben nach einem hohen Ideal vermag sie am Wirken zu erhalten.

Wenn Du solchermaßen auf die Erfüllung Deiner höchsten Ideale Verzicht leistest, solltest Du bei den Blumen in die Schule gehen:

Die Blume hört nie auf, nach dem Höchsten und Besten zu streben. Um es ihr gleich zu tun, gehe in Gedanken Deinen Lebensweg zurück bis zu dem Punkt, wo Du Dich von Deinen Idealen trenntest, und mache sie Dir von neuem zu eigen.

Nur dadurch vermagst Du den Erfolg wieder in Dein Leben hineinzutragen, nur auf diese Weise gelangst Du wieder auf Deinen eigenen Weg zurück, auf dem die schlummernde Gottkraft Deiner Seele von neuem erwacht und tätig wird.

Du mußt zu Deinen einstigen Idealen zurückfinden, den Staub der enttäuschungsreichen Jahre, die hinter Dir liegen, von Deinen Schuhen abklopfen, von neuem hohe Ziele ins Auge fassen und wieder unbeirrt und unermüdlich nach dem Besten und Höchsten streben.

Das ist der einzige Weg zu wirklichen und dauernden Erfolgen, dieses Streben nach der Verwirklichung des edelsten und höchsten Sehnens der Seele.

Was sind Reichtum, Macht und Ruhm, verglichen mit diesem hohen Ziel der Entfaltung und Offenbarung der Dir innewohnenden Kräfte und Fähigkeiten, die Dich schließlich bis zur Erlangung des kosmischen Bewußtseins, zum Erleben Deiner Einheit mit dem Göttlichen hinaufführen.

Wann wirst auch Du sehend werden, Dich als den Schöpfer Deines Schicksals erkennen und freudig jenes größere und schönere Leben beginnen, das schon so lange darauf wartet, Dich glücklich zu machen?

Die meisten verstehen unter ›*Schicksal*‹ alles das, was sich in unserem Leben der Kontrolle und Lenkung durch uns entzieht. Je mehr wir nun aber auf unserem Wege zu den Höhen des Lebens den Umfang der Wirkung und Macht unserer Gedanken erkennen, desto weniger Dinge entdecken wir in unserem Leben, die der Kontrolle durch uns unzugänglich sind.

Auf der anderen Seite gibt es solche, die sagen, daß eigentlich gar nichts geschieht, weil nicht die Dinge sich uns, sondern wir uns den Dingen nähern. Sie vergleichen das Leben einer Eisenbahnfahrt, sagen wir von Stuttgart nach Hamburg, wobei die Abfahrt von Stuttgart dem Augenblick unserer Geburt und die Ankunft in Hamburg dem Augenblick unseres Todes entspricht.

In dem Augenblick, wo wir von Stuttgart abfahren, ist alles, was zwischen Stuttgart und Hamburg liegt — also das, was uns auf unserem Lebensweg von der Geburt bis zum Tode an Schönem und Häßlichem begegnet —, schon da; der einzige Grund, warum wir die Einzelheiten unserer Reise erst dann sehen, wenn unser Zug die jeweiligen Stellen erreicht hat, liegt in der Begrenztheit unseres Sehvermögens.

Genau so, wird argumentiert, sind alle Schicksalsereignisse unseres Lebens schon gegenwärtig; aber wir ›erfahren‹ sie erst, wenn wir auf unserer Lebensfahrt an ihnen vorbeikommen, eines nach dem andern. Daß wir das Ende nicht schon am Anfang voraussehen, liegt allein an der Begrenztheit unseres Bewußtseins . . .

Bis zu einem gewissen Grade ist dieses Bild nicht unrichtig, nur müssen wir es durch die Feststellung korrigieren, daß *wir selbst* durch unser Denken und Handeln gewissermaßen die Dinge, die uns im Leben begegnen, im voraus an unseren Lebensweg stellen.

Sie sind nicht von vornherein da. Und sie sind auch nicht unabänderlich. Wir bestimmen sie, und wir können die einen zum Verschwinden bringen und dafür andere Geschicke herbeirufen — durch unser Denken.

Von diesem Erkenntnisstandpunkt aus beantwortet sich auch die Frage nach der *kosmischen Bedingtheit unseres Lebens und Schicksals*. Man hat nämlich versucht, für die Lebensreise des Menschen und alle wichtigen Ereignisse, die er auf seiner Fahrt erfahren wird, eine Art Fahrplan auszuarbeiten, und zwar an Hand der Gestirneinflüsse, von denen viele den Menschen mehr oder minder entscheidend bedingt glauben. Dieser Fahrplan wird ›Horoskop‹ genannt.

Obwohl ich nun den astrologischen Lehren alles andere als gläubig gegenüberstehe, habe ich bei ernster Prüfung doch feststellen müssen, daß die Berechnungen und Voraussagen der Astrologen im großen ganzen manches Richtige enthalten, daß das Horoskop die Haupt-Stationen und -Daten der Lebensreise und die Geschicke, die einem Menschen begegnen, manchmal überraschend genau voraussagt, so daß der Schluß berechtigt erscheint, daß zwischen Menschenschicksal und Sternenlauf gewisse noch näher zu erforschende Zusammenhänge bestehen.

Ich sage aber ausdrücklich: manchmal. Denn die Voraussagen des Horoskops haben eine Grenze. Sie gelten nur, solange der Mensch sich vom Schicksal treiben läßt, sich seinen Impulsen überläßt und sich für ein Produkt und Opfer der Verhältnisse hält, an seine Abhängigkeit von der Umwelt glaubt.

Sie gelten jedoch nicht mehr, sowie der Mensch beginnt, seine inneren Kräfte zu erwecken und zu betätigen und sein Schicksal selbst in die Hand zu nehmen.

Von diesem Augenblick an gerät der Fahrplan seines Horoskops in heillose Unordnung und sein künftiges Schicksal entzieht sich jeder Berechnung — weil es nicht länger von der Vergangenheit allein bedingt ist, sondern von dem, was der Mensch gegenwärtig und künftig denkt, will und tut.

Das Horoskop verliert seine Verläßlichkeit und seinen Wert von dem Augenblick an, wo ein Mensch das Steuerrad seines Lebensschiffes bewußt und vertrauensvoll selbst in die Hand nimmt.

Erhebt er seine Hoffnung zu den Sternen, bittet er Gott um Beistand, vertraut er dem Ewigen, bejaht er seine innere Kraft, dann erhebt er sich über alle Einflüsse der Umwelt — die der Gestirne eingeschlossen —, die ihn sonst treiben würden, und bestimmt seinen weiteren Weg selbst.

Widersteht er einer Lockung, im Vertrauen auf seine innere Kraft, und schwingen sich seine Gedanken zur Höhe des Allbewußtseins empor, dann zerreißen die Fesseln, die ihn an den Alltags-Schicksalslauf binden, und er erhebt sich über die niedere Ebene jener Vorbestimmung, die im Horoskop errechnet und vorausgesagt wird.

Mit anderen Worten: von diesem Augenblick an ist der Mensch kein Sklave seines Schicksals mehr, dessen Handlungen und Geschicke sich weitgehend vorausbestimmen lassen, sondern ein Meister des Schicksals, der seine Zukunft selbst und in jedem Augenblick neu bestimmt.

Das künftige Schicksal eines solchen Menschen kann von andern in keiner Weise vorausgesagt werden. Er ist innerlich frei geworden und fliegt, wohin er will.

Die Freiheit, zu fliegen, wohin er will, ist jedem eingeboren. Wir sind die Schöpfer unserer eigenen Welt.

Es ist also durchaus nicht nötig, daß wir auf der gleichen Lebensstufe weitervegetieren müssen, auf der wir geboren wurden. Vielmehr ist es jedem von uns möglich, zu immer höheren Stufen aufzusteigen.

Der göttliche Geist, die Kraft in uns ist stärker als die Verhältnisse, und unser schöpferisches Denken und Wollen vermag würdigere Lebensbedingungen, bessere Verhältnisse zu schaffen, wenn wir uns dieser Kräfte nur richtig, beharrlich und gläubig bedienen.

Der Alltagsmensch läßt die Schöpferkräfte seines Denkens und Wollens allerdings so gut wie gänzlich ungenutzt. Sein Denken kreist um das Bewußtsein seiner materiellen Gebundenheit — eben darum vermag er sich nicht über die Verhältnisse zu erheben, in denen er dahinlebt.

Er glaubt, er sei ein ›Produkt der Umstände‹, ein Sklave der Umwelt und ein Gefangener jener Schwächen und Unzulänglichkeiten, die seine Vorfahren ihm vielleicht vererbten. Er wähnt weiter, er sei auf allen Seiten von ungünstigen wirtschaftlichen Bedingungen gehemmt und gefesselt, aus denen herauszukommen unmöglich sei.

Er sieht nicht, daß er, solange er so denkt, notwendig ein Spielball der Dinge bleibt, die er fürchtet und für mächtiger hält als er selbst. Er ist noch blind für die Tatsache, daß er in Wirklichkeit stärker ist als sein Schicksal, größer als die Verhältnisse. Er weiß nicht, daß, wenn er seine innere Freiheit einmal klar erkannt hat und unaufhörlich bejaht, er fähig wird, alle Übel zu meistern, die ihm heute das Leben noch schwer machen.

Alle Dinge sind möglich dem, der glaubt, daß sie möglich

sind, weil er erkannt hat, daß er, statt ein vergängliches und in jeder Weise abhängiges Geschöpf zu sein, ein mit allen Kräften des Alls ausgerüstetes schöpferisches Geistwesen, ein Kind des Ewigen ist.

In der Tat ist dem zu sich selbst erwachten Menschen, der eingesehen hat, daß er seinem Wesen und seinen Anlagen nach ein Kind des Ewigen und aller göttlichen Kräfte und Reichtümer Erbe und Eigner ist, nichts unmöglich!

Wer sich noch nicht zu dieser befreienden Erkenntnis aufzuschwingen vermag, die von allen großen Geistern aller Zeiten erfahren wurde und die Ursache ihrer Größe bildete, der vermag doch weitgehend sich selbst zu helfen, indem er von nun an täglich aufs neue in das Blickfeld seines Bewußtseins ein lebendiges Bild seiner selbst als eines vollkommenen und krafterfüllten Menschen rückt, der ein Leben der Fülle in einer vollkommenen Umgebung lebt und dem alles gelingt, was er unternimmt.

Konzentriert er sich in dieser Weise täglich ruhig und beharrlich auf das Idealbild seiner selbst, ohne seinen Gedanken zu gestatten, daß sie von diesem Idealbild zu irgendwelchen weniger positiven Dingen abwandern, dann wird er bald entdecken, daß er diesem inneren Bilde immer ähnlicher wird und daß im gleichen Maße seine Verhältnisse zunehmend harmonischer und besser werden.

Das ist so und muß so sein, weil es ein geistiges Gesetz ist, daß der Mensch dem gleich wird, worüber er beständig meditiert. Diese *Selbstbesinnung und positive Selbstbejahung* – übrigens der Sinn und Kern aller Religion – entreißt den Menschen seiner eingebildeten Schwäche und Kleinheit, läßt ihn seiner Gotteskindschaft und damit seiner wirklichen Größe und Macht inne werden und führt ihn dazu, daß er sich ein Leben aufbaut, das seiner Bestimmung würdig ist.

Jeder kann auf diese Weise ein freier, seiner Macht bewußter Mensch werden.

Das höchste Ideal, das Du in Deinem Bewußtsein bilden und festhalten kannst, ist die Wahrheit über Dich selbst, über Dein göttliches Selbst. Immer, wenn Du über dieses Göttlich-Edle, das Du Deinem wahren Wesen nach bist, meditierst, bringst Du neue Kräfte in Dir zum Erwachen und zum Strömen — Kräfte, die bewirken, daß Du dem Idealbild Deiner selbst, Deinem höheren Selbst, dem Ewigen in Dir, immer ähnlicher wirst, und die weiter bewirken, daß auch Deine Umgebung, Deine Verhältnisse sich im gleichen Umfange verbessern.

Großer Kenntnisse bedarf es zur Erreichung dieses Zieles nicht, wohl aber unendlicher Geduld und Ausdauer bei der Bejahung und Verwirklichung des Ideals und bei dem Bemühen, dem Ideal entsprechend zu leben.

Aber diese Mühe wird tausendfach belohnt durch die Erfolge, die mit Sicherheit eintreten.

Nur wo der Mensch noch nicht zum Bewußtsein seiner selbst und seiner Macht erwacht und infolgedessen für die Wahrheit und Wirklichkeit noch blind ist, sind Knechtsgesinnung und Pessimismus möglich — jene Einstellungen, mit denen wir den Gott in uns verleugnen und kränken.

Der Pessimismus insbesondere ist dem göttlichen Denken und Wollen diametral entgegengesetzt. Er ist ein Kind der Dämmerung und Unwissenheit. Gott, der Geist des Lebens, ist der ewige Optimist und darum unendlich erfolgreich in allen seinen Unternehmungen. Er kennt keine Gedanken des Mißerfolgs, des Zweifels oder der Hoffnungslosigkeit, denn er weiß, daß alles gut ist.

In gleicher Weise weiß der, der in Harmonie mit Gott denkt und will, daß alles gut ist. Und wer dieser Wahrheit, dieses sichersten Wissens, einmal inne ward, der wird, selbst wenn die Dinge an ihrer Oberfläche noch so ungut und gefahrvoll aussehen und alles schief zu gehen droht, in jedem Fall erfahren, daß in der Tat alles zum Besten ausschlägt, so daß es ihm unmöglich ist, Pessimist zu sein.

Ein Pessimist ist einer, der nur die dunkle Seite der Dinge sieht und der nicht weiß, daß diese nur vergängliche Schatten sind. Je besorgter er, innerlich umdüstert und in die falsche Richtung blickend, über die Übel der Welt nachdenkt, desto fester glaubt er an sie und desto mehr Übel ruft er hervor.

Der Pessimismus ist die Philosophie der Verzweiflung. Er untergräbt die Gesundheit, er hindert uns, Erfolg zu haben, er nimmt dem Leben alle Freude und allen Glanz, er läßt einen Menschen auf seine ganze Umgebung niederdrückend und umdüsternd einwirken.

Wenn es der Sinn unseres Daseins ist, daß wir mit dem Göttlichen in Harmonie kommen, dann muß, ehe dieses Ziel erreicht werden kann, der Pessimismus durch eine optimistische Haltung dem Leben gegenüber ersetzt werden, durch eine vertrauende und siegbejahende gedankliche Einstellung. Kein Pessimist kann Gott erleben, noch kann einer, der mit dem Göttlichen eins ist, Pessimist sein.

Rechtes Denken und Vertrauen bedingen den Optimismus und bringen ihn zur Entfaltung. Sie gründen in dem Glauben, daß die Gottheit weiß, was sie will, und daß alles, was sie anstrebt, auf das Gute hinausläuft und gut ist.

Sie führen uns zu der Gewißheit, daß es, im Lichte der Ewigkeit gesehen, keine anderen Kräfte im All außer denen der Gottheit gibt, und daß diese Mächte des Guten sind.

Sie zeigen uns, daß der Mensch nur die innere Harmonie mit der unendlichen Macht der Liebe herzustellen hat, um automatisch Freude und Glück, Gesundheit und Reichtum zu finden — nicht irgendwo und nicht in irgend einer unbestimmten Zukunft, sondern hier und jetzt!

Der Weg ins Freie

Wir sind in unseren Betrachtungen dem Reich der Ideen, dem Reich der Ursachen, dem Reiche Gottes, immer näher gekommen. Wir wissen jetzt, daß eine einzelne Idee, ein einziger schöpferischer Gedanke unser Leben vollkommen umwandeln kann. Die größten Unternehmungen und weltweite Bewegungen sind einzelnen Ideen entsprungen.

Viele, die durch die Verhältnisse gehemmt und eingeschränkt scheinen und die nun glauben, daß sie bis ans Ende ihrer Tage zu solch ärmlichem und hoffnungslosem Sklavendasein verdammt seien, würden sehr rasch frei werden, wenn sie sich nur der befreienden Idee offen halten würden.

Aber nicht nur in den großen Dingen des Lebens sind die Ideen die besten Mittel zur Meisterung der Lage, sondern genau so in den kleinen Angelegenheiten des Alltags. Viele von uns werden zeitweise von Schwierigkeiten verwirrt, die unüberwindlich scheinen, von Aufgaben irritiert, die unlösbar aussehen, wenigstens für den alltäglichen Verstand. In Wirklichkeit gibt es jedoch überall einen Ausweg und immer eine Lösung — vermöchten wir nur die rettende Idee zu fassen, die uns den Weg in die Freiheit erkennen und gehen läßt.

Manche haben beobachtet, daß, wenn sie im Angesicht eines unlösbaren Problems oder einer unüberwindlich scheinenden Schwierigkeit kurzerhand damit aufhörten, sich um die Lösung zu sorgen und zu quälen, und statt dessen schlafen gingen, dann entweder am nächsten Morgen die ersehnte Lösung plötzlich vor ihnen stand, oder daß ihnen eine rettende Idee kam, die gerade das war, was sie brauchten, um der Not Herr zu werden.

Die Ursachen des Zustandekommens solcher erlösenden Einfälle sind zahlreich, aber die wichtigste ist die, daß während des Schlafes das Oberbewußtsein mit seinem beschränkten Erkenntnisvermögen ausgeschaltet ist und nicht mehr dreinreden kann, so daß das Tiefenbewußtsein, das relativ allwissend ist, in Tätigkeit treten und dem Oberbewußtsein bei seinem Wiedererwachen die Lösung oder die befreiende Einsicht vermitteln kann.

Der Hauptgrund, warum ich diesen Standpunkt vertrete, ist der, daß es — wie tausendfache Erfahrungen beweisen — möglich ist, mit dem umfassenden Wissen des Tiefenbewußtseins oder mit dem Reich der Ideen auch tagsüber jederzeit in lebendige Verbindung zu kommen, und zwar in der Stille und *Meditation*.

Während dieser Zeitspanne können wir Inspirationen, Einsichten und Ideen empfangen, die weit über das hinausgehen, was unser wachbewußtes Denken uns je zu vermitteln vermöchte.

Die in der Stille empfangenen lichtvollen Ideen sind von höchstem praktischen Wert; sie ermöglichen es uns, Schwierigkeiten zu meistern und Aufgaben zu lösen, deren wir sonst auf keine Weise Herr werden könnten.

Viele große Männer machten es sich darum zur Gewohnheit, täglich eine gewisse Zeit der stillen Selbstbesinnung und Meditation zu widmen. Sie verdanken ihre Erfolge dieser Gewohnheit und den weisen Entscheidungen, die sie nicht dadurch trafen, daß sie über die Dinge nachgrübelten, sondern dadurch, daß sie sich von innen her erleuchten und inspirieren und von einem umfassenderen Bewußtsein und Geiste führen ließen.

Man muß nun aber keineswegs ein großer Mann sein, um in der Stille Erfolgsgedanken aus dem Quell der Allweisheit zu schöpfen. Das Reich der Ideen ist von jedem erreichbar, der sich ihm in rechter Weise nähert.

Um aus der einen Quelle aller Weisheit und Erkenntnis zu

schöpfen, ist es nur nötig, daß wir unser Bewußtsein mit dem Reich der Ideen in lebendigen Kontakt bringen. Wenn unser Bewußtsein gewissermaßen auf die Wellenlänge des Allgeistes abgestimmt ist, mit anderen Worten: wenn wir innerlich in einem Zustand hinreichender Entspanntheit und Gestilltheit, Aufgeschlossenheit und Empfänglichkeit sind und alle Gegengedanken aus dem Blickfeld unseres Bewußtseins entfernt haben, beginnen die schöpferischen Ideen in unser Bewußtsein einzuströmen, Ideen, die die Ergebnisse unseres alltäglichen Denkens und Überlegens himmelhoch überragen.

Uns an Zeiten der Stille, der Besinnung und Meditation zu gewöhnen, ist also von eminenter Bedeutung für den Lebenserfolg. Wer so handelt, wird nicht nur immer empfänglicher für gute Einfälle und Ideen, sondern er wird zugleich mit neuer Kraft erfüllt und fühlt sich fähig, seine Arbeit besser und schneller zu erledigen, als es ihm bisher möglich war. Gleichzeitig wird er ruhiger und ausgeglichener, geschlossener und entschlossener. Nichts vermag ihn ernstlich zu beunruhigen und abzulenken, nichts kann seine innere Heiterkeit trüben und nichts vermag sein Fortschreiten zu hindern.

Wagnis des Glaubens

Alle Dinge sind möglich dem, der glaubt, daß sie möglich sind! Dies ist eine der vielen wertvollen lebenspraktischen Erkenntnisse, die uns in der Stille werden und die uns helfen, unser Leben und Schicksal zu meistern.

Haben wir diese fundamentale Wahrheit einmal erfaßt, vermag nichts und niemand mehr uns zu hindern, daß wir unaufhaltsam vorwärtsschreiten.

In uns schlummern Kräfte, die, einmal geweckt und entfesselt, die Verwirklichung unserer erhabensten Ideale und Hoffnungen, die Erreichung unserer höchsten Ziele möglich machen.

Es ist gänzlich bedeutungslos, wo wir in diesem Augenblick stehen, unwesentlich, wieviele Fehler und Irrtümer wir bisher begangen haben, gleichgültig, wie schwierig unsere Verhältnisse, wie hoffnungslos unsere Aussichten sind oder scheinen mögen — in uns ist eine Kraft, die mächtiger ist als alles, was gegen uns ist!

Es ist nutzlos und schwächend, über unsere Fehler und Mißerfolge nachzugrübeln. Das Vergangene ist gewesen, verwest und tot; nur die Gegenwart und die Zukunft gehören uns. Das Leben will uns helfen, zu höheren Stufen aufzusteigen, zu besseren Zuständen zu gelangen. Es wünscht, daß wir unsere schlummernden Kräfte anwenden, gläubig jene Innenkraft zum Strömen bringen, die alle Dinge erreichbar macht und unser Leben, einer prächtigen Rose gleich, zu schönster Entfaltung und Blüte bringt.

Die Verbesserung unserer Lage durch die üblichen Methoden, durch endloses Mühen und Sorgen, ist so umständlich, schwierig und ermüdend, daß nur wenige auf diese Weise zum Ziel kommen. Die meisten bleiben, wo und was sie sind, hoffen und warten und machen so sich selbst unfähig, ihre Wünsche zu verwirklichen. Durch die sieggläubige Anwendung der inneren Kraft dagegen werden auch die größten Erfolge in erreichbare Nähe gerückt, und zwar ohne Quälerei und endloses Mühen.

Wenn die innere Kraft zu Hilfe gerufen wird, kommt alles, was wir zur Selbstvervollkommnung und zur Verschönerung des Daseins brauchen, immer im rechten Augenblick zu uns. Die günstigen Gelegenheiten bieten sich uns wie von selbst dar, alle Türen öffnen sich und das Unmögliche offenbart sich als durchaus erreichbar.

Wer nicht glaubt, oder wer meint, nicht glauben zu können, daß die Erlangung der Dinge, die er ersehnt, für ihn möglich ist, und wer infolgedessen über seine Schwäche, sein Mißgeschick und seine hoffnungslose Lage nachgrübelt und brütet, der öffnet zwangsläufig allen negativen Kräften, schädlichen Einflüssen und üblen Geschicken die Türe. Ihm ergeht es wie dem Propheten, der wehklagte, daß die Dinge, die er fürchtete, über ihn gekommen seien.

Es ist immer so, daß man eben die Dinge, die man zu vermeiden, denen man zu entgehen wünscht, durch seine Furcht vor ihnen anzieht. »Ich habe es kommen sehen«, sagt man dann, wenn wieder ein Unglück über einen hereinbricht. Unbewußt und unwillkürlich, eben durch die falsche gedankliche Haltung, hat man das, was man fürchtete, herbeigerufen und an sich gekettet.

Diejenigen aber, die glauben, daß alle Dinge möglich sind und ihrem Besten dienen müssen, und die ihre Gedanken um die guten Dinge des Lebens kreisen lassen statt um die schlechten, die also positiv und aufbauend denken und das Gute in jeder Form bejahen, versperren den Übeln und Mißgeschicken den Zutritt zu ihnen und öffnen die Tore, durch die alles Gute und Schöne in ihr Leben einzieht.

Das sieghafte Leben

Ein Wort, das ich gern anführe, ist: »Bitte nicht um ein leichtes Leben, sondern darum, daß Du immer stärker werdest! Bitte nicht um Aufgaben, die Deinen Kräften entsprechen, sondern bitte um Kräfte, die Deinen immer größeren Aufgaben entsprechen!«

In diesem Rat liegt das *Geheimnis des sieghaften Lebens.* Wer ihn befolgt, nimmt die einzig richtige geistige Haltung dem Leben gegenüber ein. Und er wird bald entdecken, daß sein Leben leichter wird eben dadurch, daß er mutig das zuerst anpackt, was jeweils am schwierigsten erscheint.

Hier finden wir eines der zahlreichen Paradoxa des Lebens. Wenn wir nach einem leichten, bequemen Leben streben, wird unser Dasein erfahrungsgemäß von Tag zu Tag schwieriger. Wenn wir dagegen den Schwierigkeiten nicht ausweichen, sondern sie heroisch anpacken, dann wird unser Leben lichter und leichter.

Noch glücklicher ist der, der sich entschlossen hat, das große Abenteuer des Lebens zu wagen und das Reich Gottes zu erobern. Die Gottheit hält immerfort Ausschau nach heldischen Seelen.

Für geistig träge und bequeme Naturen ist kein Platz in den höheren Reichen des Geistes. Jeder aber kann und wird aufsteigen, der gewillt ist, auch Schwierigkeiten auf sich zu nehmen, um den Sieg zu erringen, der um Kraft bittet, die immer größeren Aufgaben des Lebens zu meistern, statt sich nach einem bequemen Leben umzusehen.

Wer die Gesetze des Lebens kennt, weiß, daß jeder so viel Kraft in sich erwecken kann, wie er braucht, um eine Schwierigkeit zu meistern.

Wenn wir entschlossen das Rechte tun und dem rechten Wege folgen, gleich, wohin er uns führt und welche Mühe es uns kostet, dann erfahren wir Hilfe von unsichtbaren Mächten und sind rascher am Ziel, als wir im Anfang für möglich hielten.

Viele haben Angst davor, sich die Kraft zuzutrauen, das große Abenteuer des Lebens zu wagen, weil ihr Denken noch nicht mit der nötigen Ausschließlichkeit auf die göttliche Kraft konzentriert, auf die Hilfe von innen gerichtet ist. Sie schrecken vor dem Wagnis zurück, weil ihnen das nötige rückhaltlose Vertrauen zum Geiste Gottes in ihnen fehlt. Sie schauen noch zu sehr auf die äußere Welt und lassen sich von äußeren Erscheinungen beeindrucken und täuschen. Ihr Blick ist noch auf die scheinbare Unordnung und Unvollkommenheit im Leben gerichtet. Der immer zweifelnde niedere Mensch in ihnen hat noch die Oberhand. Solange das der Fall ist, sind ihre geistigen Fortschritte gering.

Erst wenn sie, allen scheinbaren Übeln und Widrigkeiten zum Trotz, ihr ganzes Vertrauen ohne Einschränkung auf den Ewigen setzen, erfahren sie in wachsendem Maße die Hilfe von innen. Von diesem Augenblick an verlieren die Übel und Widrigkeiten des äußeren Lebens mehr und mehr die Macht über sie, und immer sichtbarer wendet sich alles in ihrem Dasein zum Guten.

Andere scheuen vor dem Wagnis restloser Hingabe ihres Vertrauens zurück, weil sie fürchten, sie könnten dabei umkommen. Das Wagnis erscheint ihnen zu groß, zu gefährlich. Vor ihrem Auge erheben sich alle möglichen Fährnisse und Schwierigkeiten, und sie fragen sich besorgt, ob ihre Aussicht, hier Sieger zu bleiben, nicht zu gering ist, ob es also nicht klüger ist, sich bescheiden im Tal zu halten, als auf der Höhe elend umzukommen.

Hinter dieser Furcht verbirgt sich ein alter Irrtum. Wer alles gewinnen will, muß alles wagen. Wer das Leben gewinnen will, muß bereit sein, das Leben einzusetzen. Wir müssen lernen, die trügerische Hülle der Erscheinungen zu durchschauen, und bereit sein, ohne Wenn und Aber der inneren Führung zu folgen, einerlei, über welche Abgründe hinweg unser Pfad auch gehen mag.

Dieses abenteuerliche Leben beginnt mitten im Alltag. In unseren täglichen Erfahrungen und Schwierigkeiten verbirgt sich das Geheimnis eines größeren und reicheren Lebens. Wie freudlos und prosaisch unser Alltagsdasein auch scheinen mag, mitten hindurch zieht der Weg sieghaften Lebens.

Mitten im Alltag gilt es darum, unsere Schwächen zu überwinden und den Schwierigkeiten mutig entgegenzutreten im Vertrauen auf die Kraft, die in uns ist und die mit jeder selbstvertrauenden Bejahung wächst. Darauf, daß wir jeder Schwierigkeit mutig zu Leibe rücken und sie sieggläubig meistern, kommt es an.

Um jeder Aufgabe gewachsen zu sein, müssen wir erkennen, daß die göttliche Kraft in uns die entscheidende Macht in unserem Leben und Schicksal ist und daß kein Übel uns zu berühren vermag, wenn wir uns der inneren Kraft und Hilfe bewußt überlassen.

Leid und Mangel können sich nur dem nähern, der sie fürchtet, weil er sich vom göttlichen Kraftquell entfernt hat. Je weiter er sich von diesem lichten göttlichen Zentrum seines Seins entfernt, desto näher drängen sich die Schatten der Täuschung und der Furcht an ihn heran, desto leichter dringen negative Gedanken in sein Bewußtsein ein und desto ungehemmter breiten sich Mißgeschicke und Übel in seinem Leben aus.

Wer sich jedoch von den äußeren Erscheinungen nicht blenden und täuschen läßt, wer unbeirrt dem Gott in ihm und seiner Hilfe vertraut, wer sich bewußt unter den Schutz des Ewigen stellt, der kann von den negativen Kräften des Übels nicht übermannt werden. Nur Gutes kann in sein Leben Eingang finden.

Wenn dem aber so ist, warum dann das Leben fürchten oder bitten, daß die Schwierigkeiten aus dem Wege geräumt werden und unser Leben leichter werde; warum uns sorgen und quälen und uns ob der Zukunft ängstigen?

Nein, nur *eines* haben wir zu tun: unser ganzes Vertrauen dem Ewigen schenken und uns seiner Führung unterstellen. Die Sonne geht nicht mehr unter für den, der dem Gott in sich und seiner Kraft vertraut. Alles, was er zu tun hat, ist, diese innere Kraft, diese unbesiegbare Macht des Guten zu bejahen. Er wird nie vergebens auf die Hilfe von innen warten.

Wenn wir in dieser Weise uns selbst überwinden — das Niedere und Schwache, Zweifelsüchtige und Unheldische in uns —, finden wir das größere Selbst, das göttliche Selbst in uns, und im gleichen Maße erkennen wir den leuchtenden Weg sieghaften Lebens, auf dem wir den Frieden finden und die Vollkommenheit, das Glück und die Kraft und die Fülle des Lebens, die unausschöpfbar ist.

Weitere Werke von K. O. Schmidt

Das abendländische Totenbuch, Band I: Und der Tod wird nicht mehr sein, 264 Seiten Leinen

Das abendländische Totenbuch, Band II: Wir leben nicht nur einmal, 432 Seiten

Bhagavad Gita — Das Hohelied der Tat — Der Sang des Ewigen, 148 Seiten

Das Geheimnis der goldenen Regel — Geist und Geld, Schlüssel zum Wohlstand, 96 Seiten

Du bist begabter als Du ahnst — Anleitungen zur Weckung latenter Talente, 216 Seiten

Sei du selbst! Der Rosenkreuzer-Weg zur Selbstverwirklichung 172 Seiten

Dynamisierung — Der Schlüssel zum Glück, 256 Seiten

In Harmonie mit dem Schicksal, 188 Seiten

In Dir ist das Licht — Die großen Erleuchteten als Führer zur Vollendung — 49 Psycho-Biographien, 384 Seiten

Das Geheimnis der Inspiration, 96 Seiten

Mehr Macht über Leib und Leben — Von Immanuel Kant und Emile Coué zur modernen Psycho-Dynamik, 128 Seiten

Die Religion der Bergpredigt, 200 Seiten

Meister Eckeharts Weg zum Kosmischen Bewußtsein — Ein Brevier praktischer Mystik, 204 Seiten

Selbst-Erkenntnis durch Yoga-Praxis — Pantanjali und die Yoga-Sutras mit Yoga-Katechismus von K. O. Schmidt, 160 Seiten

Vorgeburtliche Erziehung — Praxis und Bedeutung für Ehe und Kind, 196 Seiten

---

DREI EICHEN VERLAG
MÜNCHEN + ENGELBERG/SCHWEIZ